Ulli Kulke
Abenteuer Weltgeschichte

Ulli Kulke

# **Abenteuer** Weltgeschichte

## *20 entscheidende Ereignisse von der Steinzeit bis heute*

Ee Kulk
Oswald

In Zusammenarbeit mit **DER JUGEND BROCKHAUS**

# Inhaltsverzeichnis

# Die Zähne **der Urmenschen**

*Auf den Spuren der ersten Menschen*

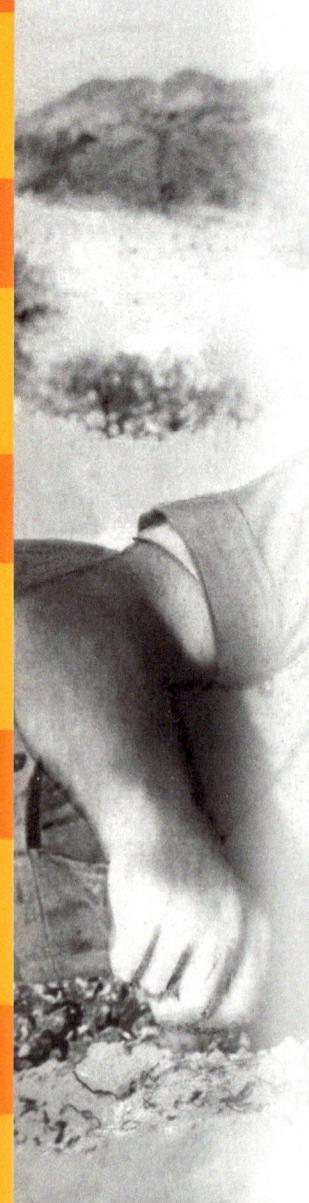

*Vor wenigen Jahren in Malawi*

„Das ist ja unglaublich, was mein Pinsel hier freigelegt hat! Schau mal, zwei versteinerte Knochenstücke. Beide Teile passen sogar zusammen. Offenbar ein Kieferknochen."

„Der Knochen könnte von einem Hominiden sein, einem Urmenschen, vielleicht zwei Millionen Jahre alt."

„Ob er vielleicht noch wie Affen auf Bäumen gelebt hat?"

„Das glaube ich nicht. Er ist näher mit uns verwandt, er war schon Fleischesser, hier ist der Beweis, der kleine Zahn. Auf den Bäumen lebten sie noch von pflanzlicher Nahrung, deshalb hatten sie zu der Zeit noch größere Zähne."

Behutsam gräbt der stolze Finder mit seinem kleinen Spatel in der Erde herum. „Wenn wir auch noch einen Handknochen finden, können wir erkennen, ob unser Freund noch auf allen vieren lief."

*Zwei Paläontologen im Gespräch*

Die beiden Wissenschaftler stehen in einer Grube unter einem Nussbaum in Malawi, einem Land in Ostafrika. Sie sind Paläontologen, die nach versteinerten Spuren von Leben suchen, das vor vielen Hunderttausend Jahren oder Jahrmillionen auf der Erde herrschte. Pinsel und kleine Spatel sind ihre Werkzeuge. Denn sie müssen beim Graben vorsichtig sein, damit sie die Fossilien, wie man versteinerte Knochen nennt, nicht beschädigen. Finden Paläontologen solche Knochen, so kann man im Labor bestimmen, wie alt sie sind. Vor nicht allzu langer Zeit fanden Forscher heraus, wie lange es schon Menschen oder Vormenschen gibt. Heute weiß man: Es ist Millionen Jahre her, aber wenn man es mit dem Zeitpunkt vergleicht, als die Erde geboren wurde, dann ist die Menschheit noch sehr, sehr jung.

> **Wissen** *spezial*
>
> **Wer kam nach Australopithecus?**
> „Homo habilis" benutzte einfache Werkzeuge und aß Mischkost. „Homo erectus" begann mit dem aufrechten Gang, entdeckte das Feuer und entwickelte die Faustkeilkultur. „Homo sapiens" schaffte erste Kunstwerke und ist der heutige Mensch.

## Die Geschichte des Lebens als Kalenderjahr

Lassen wir einmal das Alter der Erde – 4,5 Milliarden Jahre immerhin – zusammenschrumpfen auf ein Kalenderjahr, also vom 1. Januar bis zum 31. Dezember. Dann betritt der letzte gemeinsame Verwandte von uns Menschen und den Affen, der „**Australopithecus**", erst am 31. Dezember nach-

Orang-Utans sind eine Primatengattung aus der Familie der Menschenaffen.

mittags die Bühne der Vorgeschichte. Selbst die Saurier, die tatsächlich vor 65 Millionen Jahren schon aussterben, leben nach unserer verkürzten Zeitrechnung erst zwischen dem 15. und 25. Dezember. Die meiste Zeit davor gibt es nur sehr einfaches Leben: Einzeller und Mikroben. Denn diese Wesen brauchen eigentlich nur Wasser.

Das Skelett eines Menschen neben dem kleineren Skelett eines Australopithecus afarensis

Australopithecinen jagen Wild in der Savanne.

Wir stammen übrigens nicht vom Affen ab, sondern wir haben nur gemeinsame Vorfahren, die in Ostafrika lebten. Als einen entscheidenden Punkt, an dem Affen und Menschen beginnen, sich unterschiedlich zu entwickeln, sehen die Forscher die Epoche, in der unsere Vorfahren von den Bäumen herabsteigen. Zu dieser Zeit verwandelt sich der Regenwald Ostafrikas allmählich in eine Savanne. Das passiert vor etwa sechs bis sieben Millionen Jahren und hat zwei Folgen: Unsere Urahnen beginnen nun, Tiere zu essen, weil die Savanne nicht mehr so viel pflanzliche Nahrung bietet. Und sie gehen immer häufiger aufrecht auf zwei Beinen, um gefährliche Raubtiere und das Jagdwild besser sehen zu können.

Modell eines Australopi-
thecus, der zu der aus-
gestorbenen Gattung
der Hominiden gehört.

## Was unterscheidet Menschen und Affen?

Als unsere Vorfahren den Schritt vom Baum in die Savanne hinab vollziehen, ändert sich nicht nur der Körperbau
des Menschen, sondern auch sein Gehirn wird größer.
Wissenschaftler führen dies darauf zurück, dass der
Mensch nun nicht mehr nur pflanzliche Kost, sondern die
eiweißhaltige tierische Nahrung zu sich nimmt. So kann
sich das Gehirn besser entwickeln. Und für die Fleischkost
kommt er mit einem kleineren Kiefer aus. Dafür
nimmt der Denkapparat jetzt mehr Platz ein.

Faustkeile gehören
zu den ältesten
Werkzeugen des
Menschen.

Die Vergrößerung des Gehirns ermöglicht es den
Menschen fortan, Werkzeuge und Techniken zu entwickeln, ihr Zusammenleben zu vereinfachen. Wahrscheinlich kennen sie schon in sehr früher Zeit die
Sprache. Sprache hinterlässt zwar – anders als die
Schrift, die erst viel später kommt – keine Spuren,
die Paläontologen heute bei Ausgrabungen finden

könnten. Doch die moderne Hirnforschung kann
Anhaltspunkte geben. So weiß man heute, dass sich
das Sprachzentrum im Gehirn vor etwa 2,5 Millionen Jahren zu entwickeln begann. Vielleicht ist es
ja kein Zufall, dass aus dieser Zeit auch die
ältesten Funde der von Menschen
geformten **Steinwerkzeuge** stammen, wie zum Beispiel der
Faustkeil. Dies ist die Geburtsstunde der Technik.
Gemeinsam entwickeln
die Menschen die Tech-
nik fort, und dafür ist
die Verständigung, die
Sprache, schon bald
unerlässlich.

Ein weiterer Schritt zum
zivilisierten Leben ist die Be-
herrschung des Feuers. Zunächst
vermögen die Menschen nur,
zufällig entstandene Glut möglichst
lange zu schüren, nach Blitzein-
schlägen beim Gewitter etwa. Später aber, vielleicht vor 800.000 Jahren,
gelingt es ihnen, durch Aneinanderschlagen
von Feuerstein und dem Mineral Pyrit oder durch
Reiben von Holz selbstständig ein Feuer zu entfachen.

Fortan können sie das Feuer jederzeit zur Zube-
reitung der Nahrung nutzen, es hilft ihnen, in der
Nacht gefährliche Tiere in Schach zu halten. Der
womöglich wichtigste Pluspunkt des Feuers: Es
wärmt. Denn es wird, seit der Mensch in Europa und

Durch Reibung von
Holzstöckchen entzün-
det dieser Aborigine
ein Feuer.

Asien wohnt, immer mal wieder bitterkalt. Mehrere Eiszeiten überziehen Europa, einige von ihnen mit einem sehr dicken Panzer von Gletschern, die Berge zusammenschieben, aber auch Täler schaffen, wenn es wieder wärmer wird und das Schmelzwasser sich neue Flussbetten gräbt, um zum Meer fließen zu können. Egal, wo sie leben, immer wieder müssen sich unsere Vorfahren über die Jahrmillionen an sehr warme und sehr kalte Zeiten anpassen, an trockene und regnerische. Und an neue Landschaften, die von wechselndem Klima geschaffen werden.

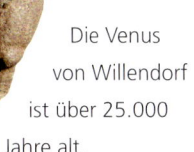

Die Venus von Willendorf ist über 25.000 Jahre alt.

Nach und nach schaffen es die Menschen, neben den allernötigsten Überlebenstechniken auch noch weitergehende **Kulturleistungen** zu erbringen. Farbe, um Dinge zu verschönern, gebrauchen sie schon vor 300.000 Jahren, später zeigen sie durch die Erschaffung von Tier- und Menschenfiguren, dass sie auch ein Bewusstsein dafür haben, über das eigene Leben nachzudenken. Und dass sogar schon die Neandertaler ihre Toten mit Grabbeigaben bestatten, bedeutet, dass sie sich auch Gedanken über ein Leben nach dem Tod machen.

## Wissen spezial

### Was ist Kultur?
Künstlerische und gestalterische Leistungen einer Menschengemeinschaft bezeichnen wir als Kultur. Höhlenmalereien und Grabbeigaben sind Ausdruck der Kultur der Frühmenschen. In der Jungsteinzeit kamen neue Werkzeuge, Kleidung und Geschirr sowie einfache Geräte dazu.

Wandmalerei aus der Höhle von Lascaux

In der Jungsteinzeit lebten die Menschen in Pfahlbausiedlungen an Seen und Flüssen.

## Die Verbreitung der Menschen auf der Erde

Von Afrika aus wandern die Menschen in mehreren Wellen in die übrige Welt, zuerst nach Asien und Europa. Dies beginnt wohl vor eineinhalb bis zwei Millionen Jahren mit „Homo erectus". Dabei stammen die heutigen Menschen, „Homo sapiens", aus einer späten „Welle", die erst vor etwa 100.000 Jahren Afrika verlässt. Die **Neandertaler** sind zu dieser Zeit schon mehrere Hunderttausend Jahre hier. Übrigens stammen wir nicht von ihnen ab, sie starben nämlich vor knapp 30.000 Jahren aus. Warum „Homo sapiens" andere Arten, wie die Neandertaler, verdrängt hat, ist bis heute ungeklärt. Forscher gehen davon aus, dass vor 70.000 Jahren nur noch 2000 Menschen gelebt haben. Mit anderen Worten: Sie standen kurz vor dem Aussterben.

**Wissen spezial**

**Wer ist der Neandertaler?**
Steinbrucharbeiter fanden 1856 im Neandertal zuerst 16 Knochenstücke und dann einen Schädel. Nach einer genauen Untersuchung stand fest, dass es sich um eine Urform des Menschen handelt, der den wissenschaftlichen Namen „Homo sapiens neanderthalensis" erhielt.

## Erste Siedlungen entstehen

Vor gut 10.000 Jahren schließlich vollzieht der Mensch den entscheidenden Schritt: Er wird sesshaft, betreibt Ackerbau und Viehzucht und fängt an, Behausungen zu bauen. Eine wichtige Voraussetzung dafür, dass er Siedlungen gründen kann, Städte und auch Staaten. Die Neuerung ist so wichtig, dass die Altertumsforscher heute sie als „neolithische Revolution" bezeichnen. Die Jungsteinzeit nennen sie Neolithikum.

Schon früh schmückten die Menschen sich: Bernsteinkette, um 30.000 v. Chr.

Über die Vor- und Frühgeschichte des Menschen haben wir nur lückenhafte Kenntnisse. Gerade das aber macht diese Ära unserer Herkunft besonders spannend: Alle paar Monate nämlich erfahren wir neue Nachrichten über unsere frühen Vorfahren, auch und gerade von Paläontologen und Archäologen.

| Thema | Wie kann man das Alter von Funden bestimmen? |

*B*ei allen Lebewesen bilden sich winzige „atomare" Teilchen ständig neu. Stirbt der Organismus, zerfallen diese Teilchen – über viele Tausend Jahre, in bekannter, gleicher Geschwindigkeit. So lässt sich an diesen Teilchen von organischem Material, etwa bei Knochen oder Pflanzen, das Alter bestimmen. Diese sogenannte C-14-Methode lässt sich aber nur bei Funden anwenden, die bis zu 50.000 Jahre alt sind. Bei Funden aus Holz gibt uns die ganz bestimmte Abfolge von dünnen und dicken Jahresringen, die für bestimmte Zeiten typisch sind, Auskunft über das Alter.

# Der Sonne entgegen

## Zeichen einer Hochkultur

### Ägypten vor 4500 Jahren

„Achtzehn Mal schon führte der große Fluss das Wasser über unsere durstigen Felder, achtzehn Mal trockneten sie wieder aus, seit wir hier an dem großen Grabmal für den Herrscher arbeiten. Meinst du, Baumeister, der letzte Block wird oben liegen, auf der Spitze der Pyramide, bevor er, der Pharao, ins Reich der Toten gefahren sein wird?"

„Sei beruhigt, mein Gehilfe, der Herrscher ist noch sehr jung."

„Aber je höher das Bauwerk wächst, desto schwerer wird es, die mächtigen Steine, so gewichtig wie 30 Männer, nach oben zu setzen. Wie viele Hochwasser wird es noch dauern?"

„Viele noch, gewiss. Doch würde der Sohn des Re zu früh ins Reich der Toten fahren, so könnten ihn die Meister der toten Leiber für viele Jahre frisch halten. Bis diese seine letzte Ruhestätte fertiggestellt ist."

*Ein Meister und ein Arbeiter auf der Pyramidenbaustelle*

Unzählige Menschen, viele Tausend Menschen bauen schon seit 18 Jahren an der großen Pyramide. Die Hälfte von ihnen ist dabei, eine große Rampe aus Erde und Kies aufzuschütten, damit die andere Hälfte darauf die Steinblöcke nach oben zerren und schieben kann. Andere haben zuvor, ebenfalls in jahrelanger Arbeit, vom großen Fluss herauf einen Kanal bis an die Pyramiden gegraben, damit die Steinblöcke, so weit es irgend geht, auf Schiffen transportiert werden können. Zweieinhalb Tonnen wiegen die meisten Brocken. Einzelne, aus denen die Grabkammern im Innern gebaut werden, kommen sogar auf 50 Tonnen – schwer wie 700 Männer. Ob die Ägypter dafür auch einfache Kräne oder Winden hatten? Der griechische Schriftsteller Herodot, der um die Mitte des 1. Jahrtausends v. Chr. lebte, berichtet von „Maschinen" beim Pyramidenbau. Was konnte er damit gemeint haben? Nirgendwo gibt es Spuren oder Reste solcher „Maschinen".

Die erste Pyramide, die Stufenpyramide bei Sakkara, wurde um 2680 v. Chr. gebaut.

Die Pyramiden sind die markantesten Bauwerke des Altertums. Die größten stehen bei Giseh, südwestlich von Kairo, nahe am Nil. Die „Cheops"-Pyramide ist mit 146 Metern die höchste, erbaut etwa um 2500 v. Chr. Dies ist die Zeit, als das Reich der Pharaonen zu seiner ersten Blüte kommt. Die Pharaonen sind Könige, aber sie werden ähnlich wie Götter verehrt: als Söhne des Sonnenkönigs Re, als Gottkönige eben. Die unglaubliche Höhe und Form ihrer Grabmäler bringen ihre besondere Stellung zwischen

Die Pyramiden von Giseh

Arbeiter auf einer
Pyramidenbaustelle

Himmel und Erde zum Ausdruck. Cheops' Sohn Chephren lässt nicht nur eine zweite Pyramide, sondern auch eine riesige **Sphinx** errichten.

Die Pharaonen herrschen über ein Reich, das etwa 1000 Kilometer lang, aber nur 10 bis 20 Kilometer breit ist. Kein Wunder: Seine Lebenskraft zieht es aus dem Nil, jenem Fluss, dessen Wasser einmal im Jahr alle Felder überschwemmt und sie fruchtbar macht. In der übrigen Zeit aber sind selbst die Uferstreifen so trocken, dass kein Gras wächst.

## Eine Kultur im Takt der Fluten

Dieses regelmäßige Auf und Ab des Flusses zwingt die Menschen zu gemeinsamer Anstrengung, etwa dazu, Bewässerungsanlagen zu errichten: Brunnen, Kanäle, Becken und Schöpfanlagen sorgen dafür, dass das Wasser nach den Überschwemmungen möglichst lange festgehalten werden kann. So wird der Feldbau möglich, gedeihen Getreide, Feigen, Gemüse, Trauben oder andere Früchte.

**Wissen** *spezial*

**Was ist eine Sphinx?**
Die Sphinx ist ein Fabelwesen, das einen Löwenkörper und einen Menschenkopf, manchmal auch Flügel hat. Sphinxe gab es auch bei den Phöniziern, den Hethitern, Assyrern und Griechen. Diese griechische Sphinx wurde 570/560 v. Chr. auf Naxos aufgestellt.

Die große Sphinx schaut
nach Osten, der aufge-
henden Sonne entgegen.

Wann aber sollen die Wehre geöffnet werden für die Flu-
ten, die von weit her heranströmen, aus fernen, unbekannten Gebirgen? Die Ägypter finden heraus, dass die
Überschwemmung des Nil immer dann
beginnt, wenn der Stern Sirius kurz vor
Sonnenaufgang zu sehen ist. Sie machen
Notizen über ihre Beobachtungen und
entwickeln daraus einen Kalender mit
365 Tagen pro Jahr. Nach ihm bedienen
sie ihr weitverzweigtes Bewässerungs-
system.

   Sternenbeobachtung, Wasserbau,
Feldarbeit – die Ägypter spezialisieren sich, Arbeitstei-
lung entwickelt sich. Der eine führt mit der Hand das aus,
was der andere sich im Kopf erdacht und aufgezeichnet
hat. So entstehen Rangordnungen, Hierarchien. Eine
Führungsschicht bildet sich heraus. Einzelne Menschen
tun sich durch ihr Wissen hervor und geben anderen
Anweisungen: die Sternenbeobachter zum Beispiel, die
Brunnenbauer, die Beamten und Landvermesser, die nach

Seit Jahrtausenden
wird das Land mit
Nilwasser fruchtbar
gemacht.

Landvermesser beim Vermessen eines Kornfeldes

der Überschwemmung das Land neu an die Bauern verteilen, oder die Priester. Und, natürlich, die Schreiber. Sie haben viel Macht, weil sie Informationen notieren, die für das Volk verschlossen bleiben. Herrschaftssysteme gab es schon früher, aber durch die Kultur am Nil gewinnen sie an Festigkeit und Bedeutung.

**Schriften** und Aufzeichnungen ermöglichen aber noch etwas anderes, was eine so hohe Kultur ausmacht: die Wissenschaft. Gerade die Pyramiden, so stellen Altertumsforscher heute staunend fest, sind nach strengen geometrischen Gesetzen errichtet und zueinander angeordnet. Auch das ist ein Zeichen dafür, dass die Ägypter damals großes

**Thema** Geheimnisvolle Hieroglyphen

*Die altägyptischen Hieroglyphen, das sind Zeichen einer so genannten Bilderschrift, waren lange Zeit nicht zu übersetzen, bis sich im Nildelta bei dem Ort Rosetta ein Stein fand mit drei alten, langen Texten: einer in Hieroglyphenschrift, einer mit Zeichen, die im späten Reich vom einfachen Volk benutzt wurden, und ein dritter in der bekannten altgriechischen Schrift. Diesen übersetzten die Forscher, und fanden heraus, dass die Hieroglyphen denselben Sinn ergeben wie der altgriechische Text, wie auch der dritte Text. So war das Rätsel gelöst.*

Interesse an der Mathematik entwickeln, die Bruchrechnung ist ihnen schon bekannt.

Aufgrund ihrer Kenntnisse und ihrer Technik gelingt es den Ägyptern, den Ertrag des Ackerbaus so weit zu verbessern, dass die Menschen auch Zeit finden für andere Tätigkeiten, vor allem in der Regenzeit oder während der Überschwemmungen, wenn der Ackerbau ruht. So entsteht eine reiche Kultur mit Bildwerken aus Stein, Möbeln, Schmuck, feinem Geschirr und Gläsern. Die Reichen lassen sich Steinhäuser errichten, die Pharaonen Paläste, Tempelanlagen – und eben die Pyramiden als Grabmäler. Die Herrscher rufen die Bauern zum Militär oder zu anderen Frondiensten heran. Besonders der Pyramidenbau beschäftigt die Untertanen des Pharao, hier und da sind Sklaven daran beteiligt. Sie alle vollbringen nicht nur eine technische Meisterleistung, sondern auch eine organisatorische. Die vielen Zehntausend müssen nicht nur angewiesen werden, sie brauchen Essen, Unterkunft, auch Unterhaltung.

Sklaven waren auch in späteren Zeiten am Bau von Monumentalbauten beteiligt.

Diese alte Grabmalerei zeigt Ägypter beim Ackerbau.

Die Ägypter praktizierten einen Totenkult, der sie ins Jenseits überführt.

## Götter für alle Lebenslagen

Die Religion mit ihren vielen Göttern prägt das tägliche Leben der Ägypter. Manche **Götter** stellen sie sich als Tiere vor, als Katzen oder Falken, manche haben eine bestimmte Aufgabe. Ptah beispielsweise unterstützt die Handwerker, Anubis begleitet die Einbalsamierung der **Mumien** und Osiris herrscht über das Reich der Toten. Für einige Götter erbauen die Ägypter Tempel, zu denen die Gläubigen Opfergaben bringen. Betreten aber dürfen diese Heiligtümer nur die Pharaonen und die Priester. Und was die Priester noch einflussreicher macht: Sie sind nicht nur Meister der Religion, sondern sie arbeiten auch als Lehrer für besonders begabte Kinder und für die Kinder der Reichen. Auch als Ärzte ragen sie hervor aus dem Volk der Bauern und Händler. Und sie

### Wissen *spezial*

**Götter in Tiergestalt**

Die Ägypter waren außerordentliche Katzenverehrer. Ihre Katzengöttin Bastet war die Tochter des Sonnengottes Re. Ihr zu Ehren gab es jedes Jahr ein Fest. Starb eine Hauskatze, so rasierte sich die ganze Familie zum Zeichen der Trauer die Augenbrauen ab.

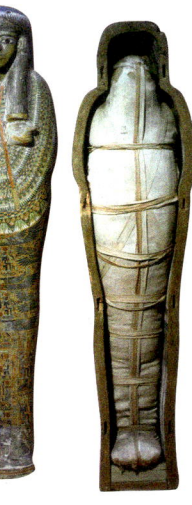

kennen sich aus mit dem Lauf der Sterne. Damals schon sieht man die Götter in einer direkten Verbindung zum Himmel. Sie fahren, so lehren es die Priester, mit Booten über das Firmament.

Es ist eine unvorstellbar lange Zeit: Etwa 3000 Jahre währt das Reich der Pharaonen insgesamt. Nur in China und in Indien gibt es Kulturen, die ähnlich lange andauern. Und das Christentum ist heute erst 2000 Jahre alt. Damals, als man früher heiratete und früher starb, bedeutete diese Zeitspanne rund 160 Generationen, 160mal die Abfolge von Eltern auf ihre Kinder. Während der gesamten Pharaonenzeit regierten 26 Herrscherfamilien, auch Dynastien genannt. Das Zeitalter des Pyramidenbaus erstreckt sich über 500 Jahre und drei Dynastien und macht damit nur eine Periode dieses lange währenden Reiches aus. Danach lassen sich die Pharaonen nicht mehr in Pyramiden, sondern in unterirdischen Gräbern im Tal der Könige bestatten, weiter oben am Nil. Im Laufe der Zeit sind viele Grabstätten unter dem Wüstensand verschwunden und bis heute nicht wieder entdeckt worden.

Die in Leinenstreifen eingewickelte Mumie liegt in einem reich verzierten Sarg.

Der Gott Anubis war verantwortlich für das Ritual des Einbalsamierens. Seine schwarze Hautfarbe ist die Symbolfarbe des Lebens.

## Wissen *spezial*

### Was ist eine Mumie?

Ins Reich der Toten konnte ein Verstorbener nur unversehrt gelangen. Deshalb präparierten die Ägypter den Leichnam so, dass er erhalten blieb. Dazu wurde er mit verschiedenen Substanzen eingerieben, mit ausgewählten, duftenden Kräutern versehen und komplett in Leinenstoff gewickelt.

# „Ich bin der Herr, **dein Gott**"

## Die monotheistischen Weltreligionen

*1200 v. Chr. in der ägyptischen Wüste*

Der Engel des Herrn erschien Mose in einer Flamme, die aus einem Dornbusch hervorschlug und Mose ging dorthin …
Gott sprach zu Mose:

> „Leg deine Schuhe ab; denn der Ort, wo du stehst, ist heiliger Boden. Ich bin der Gott deines Vaters. Führe mein Volk, die Israeliten, aus Ägypten heraus!"

„Wer bin ich, dass ich zum Pharao gehen und die Israeliten aus Ägypten herausführen könnte?"

> „Ich bin mit dir; ich habe dich gesandt, und als Zeichen dafür soll dir dienen: Wenn du das Volk aus Ägypten herausgeführt hast, werdet ihr Gott an diesem Berg verehren."

„Gut, ich werde also zu den Israeliten kommen und ihnen sagen: Der Gott eurer Väter hat mich zu euch gesandt. Da werden sie mich fragen. Wie heißt er? Was soll ich ihnen darauf sagen?"

> „Ich bin der „Ich-bin-da".

*Mose und Gott*

„Ich bin da", sagt Gott. Also ist er nie weg, sondern bereit, Mose zu begleiten, immer bei ihm zu sein und ihm beizustehen. Zu der Zeit glauben die meisten Menschen an viele Götter, für Sonne, für Regen, für Krieg, für Heilmittel. Sie gehen zu ihren Tempeln, um sie aufzusuchen. Nun aber kommt ein Gott und behauptet: „Ich bin da!" Und sein Name ist gleichzeitig sein Versprechen, immer mit Mose mitzukommen. Mose kann das zunächst nicht glauben: Er soll dazu auserwählt sein, die in Ägypten versklavten Israeliten zu befreien? Zwangsarbeit müssen sie leisten, des Pharaos Tempel und Paläste bauen. Da wird der Pharao doch nicht auf sie verzichten wollen! Aber nach etlichen Jahren erfüllt sich doch die Ankündigung Gottes. Die Bibel jedenfalls erzählt, wie Mose die Israeliten durch das Schilfmeer auf die Halbinsel Sinai führt und dort ein zweites Mal auf Gott trifft.

Auf dem Berg Sinai empfing Moses die Zehn Gebote.

Auf dem Berg Sinai erscheint Gott in einer Wolke und erklärt Mose: „Ich bin der Herr, dein Gott, der dich aus Ägypten geführt hat, aus dem Sklavenhaus. Du sollst neben mir keine anderen Götter haben." Damit hat Gott selbst seinen Alleinanspruch vor allen anderen Göttern kundgetan. Er sagt Mose noch weitere Gebote, die heute als die **Zehn Gebote** bekannt sind und für Juden und Christen gleichermaßen gelten. Danach erläutert Gott Mose viele einzelne Gesetzesvorschriften, das sogenannte mosaische Gesetz. Für die Juden ist die Einhaltung des Gesetzes Ausdruck ihres Glaubens.

„Du sollst neben mir keine anderen Götter haben."

Wenn sie nach dem Gesetz leben, steht Gott zu ihnen. Darauf beruht der Bund, den sie damals am Berg Sinai mit Gott geschlossen haben.

Das alles wissen wir aus dem Alten Testament der Bibel, das bis heute für Juden, Christen und Muslime ein Glaubensbuch ist. Die Bibel ist das einzige schriftliche Zeugnis, das von diesem Ereignis berichtet. Man weiß heute, dass um 1500 – 1300 v. Chr. verschiedene Stämme auf der Sinaihalbinsel lebten, die an mehrere Götter glaubten, und dass die Israeliten einige von ihnen zum Glauben an einen Gott umstimmten. Das Judentum ist die älteste der drei monotheistischen Religionen und zählt heute 15 Millionen Gläubige.

**Thema**   **Die Zehn Gebote**

1   *Ich bin der Herr dein Gott, du sollst neben mir keine anderen Götter haben.*

2   *Du sollst den Namen des Herrn, deines Gottes, nicht missbrauchen; denn der Herr lässt den nicht ungestraft, der seinen Namen missbraucht.*

3   *Du sollst den Feiertag heiligen.*

4   *Du sollst deinen Vater und deine Mutter ehren.*

5   *Du sollst nicht töten.*

6   *Du sollst nicht ehebrechen.*

7   *Du sollst nicht stehlen.*

8   *Du sollst nicht falsch gegen deinen Nächsten aussagen.*

9   *Du sollst nicht nach dem Haus deines Nächsten verlangen.*

10 *Du sollst nicht nach der Frau deines Nächsten verlangen, nach seinem Sklaven, seiner Sklavin, seinem Rind oder seinem Esel oder nach irgendetwas, das deinem Nächsten gehört.*

Juden mit der Thorarolle an der Klagemauer in Jerusalem

Die Ursprungsmythen der jüdischen Religion und die Gesetze vom Berg Sinai sind in den fünf Büchern Mose festgehalten. Unter dem Namen Thora sind sie die wichtigste Heilige Schrift des jüdischen Glaubens.

## Jesus von Nazareth – Wanderprediger und Erlöser

Immer wieder gibt es Anläufe in der Geschichte, die Vielgötterei durch den Monotheismus, den Glauben an einen einzigen Gott, zu ersetzen, manchmal von „oben", also vonseiten des Staatsoberhauptes, und manchmal von „unten" aus dem einfachen Volk.

Jesus von Nazareth ist ein Religionsgründer von unten. Er wird in Armut im Stall in einer Krippe geboren. Niemand hätte ihn bemerkt, wenn nicht der Erzengel Gabriel, der Bote Gottes, den Hirten auf dem Felde vom Kind in der Krippe in Bethlehem erzählt hätte. Sie werden neugierig und gehen hin, um es anzubeten, so etwa berichtet der Evangelist Lukas in der Weihnachtsgeschichte (Lukas 2, 9–13).

Die griechische Mythologie ist reich an Göttern und Halbgöttern.

Auch als Erwachsener ist Jesus einer von „unten". Er zieht als einer von vielen Wanderpredigern und Propheten

Diese farbig bebilderte Bibel zeigt die Heiligen Drei Könige.

durch das Land. Er sucht seine Anhänger, die Jünger, unter den Fischern am See Genezareth und nicht etwa im Tempel, dem religiösen Zentrum der jüdischen Religion in Jerusalem. Er spricht mit den Frauen am Brunnen. Er heilt Kranke und macht

## Wissen *spezial*

**Das Neue Testament**

In diesem Teil der Bibel erzählen die Evangelisten über das Leben Jesu, die Apostelgeschichte über das Wirken des Petrus, Johannes und Paulus. Dann folgt eine Briefsammlung. Den Abschluss bildet die Apokalypse, in der es um das Jüngste Gericht und die Auferstehung der Toten geht.

dabei keinen Unterschied zwischen Arm und Reich. Das alles ist in den Evangelien zu finden, den später aufgeschriebenen Berichten über das Leben und Wirken Jesu im **Neuen Testament**. Die Christen glauben, dass Jesus gekreuzigt wurde, gestorben und wieder auferstanden ist. Aber historisch nachgewiesen ist nur, dass Jesus zu dieser Zeit in Palästina gelebt und gepredigt hat, die Menschen in Unruhe versetzt hat und gekreuzigt wurde – im Römischen Reich eine Todesstrafe für Schwerverbrecher und Aufständische.

Katholischer Gottesdienst in einer französischen Kirche

Die Nachricht, dass Jesus Christus gestorben und auferstanden ist, erzählen die Christen ständig weiter. Die Frohe Botschaft verbreitet sich wie ein Lauffeuer im ganzen östlichen Mittelmeerraum, obwohl einige römische Kaiser die Christen verfolgen und töten lassen. Im 4. Jahrhundert n. Chr. nimmt der römische Kaiser Konstantin (280 – 337 n. Chr.) den christlichen Glauben an. Damit und auch durch die Macht des Papstes wird das Christentum nachträglich eine Religion von „oben" und über die Jahrhunderte auch eine **Weltreligion**. Heute gibt es etwa 2,1 Milliarden Christen auf der ganzen Welt.

**Wissen *spezial***

**Was ist eine Weltreligion?**
Es gibt verschiedene Kriterien für diesen Begriff: das Alter, die weltweite Verbreitung, eine heilige Schrift und Leitsätze, nach denen die Gläubigen sich richten. Nicht jede Religion hat einen Gott; z. B. asiatische Religionen wie Buddhismus und Taoismus.

## Allah, der Einzige, und sein Prophet

Für Mohammed (um 570 – 632), den Begründer des Islam, ist Jesus ein Mensch, ein **Prophet** wie viele vor ihm. Mohammed lenkt die Aufmerksamkeit der Gläubigen auf einen Gott allein. So hat das muslimische Glaubensbekenntnis nur diesen einen Satz: „Es gibt keinen Gott außer Gott (arabisch: Allah), und Mohammed ist der Gesandte Gottes." Wer diesen Satz aus innerer Überzeugung in Gegenwart von Muslimen ausspricht, gilt als Muslim. Islam heißt völlige Hingabe in die Hand Gottes. Aber der Prophet Mohammed hat mit seinen monotheistischen Ideen anfangs überhaupt keinen Erfolg. In seiner Heimatstadt Mekka glauben die meisten Menschen an viele Götter, die alle in der Kaaba, dem Haus Gottes, verehrt werden.

In dieser Truhe wird eine Ausgabe des Korans aufbewahrt.

**Wissen *spezial***

**Ein Prophet ...**
... ist ein Mensch, den Gott zu seinem Sprecher gemacht hat. Die Propheten verkünden dem Volk Gottes oder Einzelnen aus diesem Volk, was Gott ihnen in einer bestimmten Situation zu sagen hat.

Das Fasten gehört zu den religiösen Pflichten eines Muslim.

Aus der Überlieferung, den sogenannten Hadithen über den Propheten, wissen wir, wie es weiterging. Enttäuscht zieht der 40-jährige Mohammed sich in eine Höhle am Berg Hira zurück; da erscheint ihm der Engel Gabriel im Traum und übermittelt ihm die göttliche Botschaft in vielen Sätzen, immer wieder viele Jahre lang. Diese Offenbarungen werden später zum Koran. Lange Zeit hat man sich über Mohammed erzählt, bis der arabische Geschichtsschreiber Ibn Ishaq (704–768) diese Hadithe in dem Buch „Das Leben des Propheten" aufgeschrieben hat. In beiden, dem Koran und der Lebensbeschreibung, suchen die Muslime Antworten auf die Fragen des Lebens. Die Anhängerschaft Mohammeds bleibt klein. Im Jahr 622 n. Chr. zieht

er mit wenigen Getreuen von Mekka nach Medina um. Die Stämme dieses Oasengebietes bitten ihn, ihre Streitigkeiten zu schlichten. Mohammed wirkt nicht nur als religiöser Führer, sondern er ordnet auch das Gemeinwesen und baut so etwas wie einen Staat auf. Als er in Medina und bei vielen Stämmen der Arabischen Halbinsel Ansehen genießt, kehrt er im Jahr 629 nach Mekka zurück. Die Kaaba wird nun ein muslimisches Heiligtum und Pilgerziel. Und so wie Mekka werden noch viele Städte und Länder im Namen Allahs erobert werden. Damit ist auch der Islam eine Religion von „oben". Heute gibt es 1,3 Milliarden Muslime.

Etwas mehr als die Hälfte der Weltbevölkerung glaubt heute an einen einzigen Gott, bekennt sich zu einer monotheistischen Religion. („mónos" ist griechisch und bedeutet einzig oder allein, und „théos" heißt Gott). Hinzu kommen viele Menschen, die nicht an einen Gott glauben, aber die Zehn Gebote als gegebene Regeln menschlichen Zusammenlebens bejahen,

Weil im Islam Gott nicht bildlich dargestellt werden darf, entwickelte sich die Kalligrafie: die schöne Schrift, in der Gottes Wort geschrieben wird.

## Wissen *spezial*

### Was ist der Koran?
Die Weisungen des Korans, des Glaubensbuchs der Muslime, geben verbindlich Auskunft über die Pflichten der Muslime gegenüber Gott und ihren Mitmenschen, über Gebote und Verbote; sie regeln das Zusammenleben der Menschen.

weil sie es wichtig finden, dass die Menschen einander achten, auch wenn sie anders sind.

Trotzdem kommt es in der Weltgeschichte immer wieder zu Verfolgungen, Zwangsbekehrungen, Terroranschlägen, Glaubens- und Religionskriegen im Namen des einzigen Gottes.

Mohammed an der Spitze seines Reiterheers

# Die erste **Demokratie**

*Lebendige Kultur im alten Griechenland*

### 425 v. Chr. in Athen

„Unsere Kriegsführung ist schwach", ruft einer von einem kleinen Steinhaufen aus zu den Massen: „Gebt mir Truppen, dann werde ich schon fertig mit den Spartanern." Ein paar Männer jubeln Kleon, dem Redner, zu. Die meisten lachen über ihn.

Ganz vorn in der Menschenmenge steht Nikias, einer der Feldherren Athens. „Ach Kleon", ruft er, „ich gebe dir meine Truppen, und nun zeig, dass du erfolgreicher bist."

Kleon willigt ein, überzeugt, Nikias meine es nur im Spaß. Doch der Feldherr hat Ernst gemacht. Etwas verhaltener, fast ängstlich, fügt Kleon hinzu: „In zwanzig Tagen führe ich euch meine gefangenen Spartaner vor." Viele der schadenfroh lachenden Zuhörer glauben, Kleon habe sich übernommen.

*Eine Volksversammlung auf der Pnyx*

Wir schreiben das fünfte vorchristliche Jahrhundert, die hohe Zeit der Demokratie im alten Griechenland. Die Volksversammlungen auf der Pnyx unterhalb der Burg in Athen sind lebhaft, oft kontrovers und bisweilen auch scherzhaft. Selbst wenn es um ernste Dinge geht, wie den Krieg gegen Sparta, ist ein solcher Wortwechsel möglich. Nikias und Kleon sind zwei Streithähne, die öfter aneinandergeraten.

Viele mögen Nikias (um 470–413 v. Chr.), weil er sich mit seinem großen Vermögen beim Volk beliebt machen kann. Als Heerführer hat er dagegen nur mäßigen Erfolg. Er vertritt auch eine eher gemäßigte Linie gegen Sparta. Kleon (–422 v. Chr.) dagegen, ein Heißsporn, ist vor allem ein großer Redner, ein Demagoge, der durch

Der berühmte athenische Politiker Perikles hält eine Rede.

geschickte Sprache das Volk auf seine Seite zieht – und es gegen Sparta aufhetzt. Sparta und Athen sind die mächtigsten der zahlreichen Stadtstaaten in Griechenland. Aber wer von beiden stärker ist, das entscheidet jeder Krieg von

Die Polis, um 400 v. Chr.

Athen von oben:
das Stadtzentrum mit
der Akropolis

Neuem. Sparta ist zwar bekannt für seine gut ausgebildeten Krieger; aber dieses Mal gelingt es dem Athener Kleon, die Truppen des Nikias gegen die Spartaner zum Sieg zu führen. Und er löst sein Versprechen auf der Pnyx ein, die spartanischen Gefangenen auf der Agora, dem Marktplatz Athens, vorzuführen.

Das Wort „Demokratie", die Volksherrschaft, stammt aus dem alten Griechenland, wie überhaupt sehr vieles aus Politik, Wissenschaft und Kunst, was in unserer Zeit selbstverständlich ist. Das Land mit seiner abwechslungsreichen Geschichte in der antiken Zeit gilt als Wiege der europäischen Kultur. Die Bewohner selbst bezeichnen sich übrigens nicht als „Griechen", dieser Name kommt erst zu Zeiten der Römer auf. Sie sehen sich eher als Bürger ihres Ortes, ihrer Stadt, die sie **Polis** nennen.

---

**Thema**  **Wer wohnt auf der Akropolis?**

*Für ihre Götter bauten die Griechen vielerorts Tempel, besonders auf der Akropolis in Athen. Schon der Eingang zum Tempelberg bestand aus einer prachtvollen Säulenhalle, den Propyläen. Dann folgte der heilige Bezirk der Artemis, der Göttin der Jagd, des Wachstums und der Geburt. Darüber thronte beherrschend der Parthenon, der riesige Tempel für die Stadtgöttin Athene, ganz aus Marmor und im Inneren stand eine vergoldete Statue der Göttin.*
*Gegenüber stand das Erechtheion, ein mehrteiliges Tempelgebäude mit dem kleinen Anbau, dessen Dach nicht von Säulen, sondern von Frauenfiguren getragen wurde.*

Der Rat der Götter versammelt sich um Zeus.

## Von Göttern und Philosophen

Auch ohne eine zentrale Staatsmacht fühlen sich die Griechen eng miteinander verbunden. Da ist zunächst die Götterwelt. Über allem thront der König aller Götter, Zeus, der den Himmel beherrscht und seine Macht mit Blitz und Donner zum Ausdruck bringt. Apollon, der Gott des Lichtes, ist für Dichtung, Musik und die Künste zuständig, Ares lenkt den Krieg, Athene steht für die Weisheit und das Handwerk. Hermes wiederum, der Götterbote, taucht überall auf. Er schützt die Reisenden, gleichzeitig aber auch die Diebe.

Eng mit Göttervater Zeus verbunden sind die alle vier Jahre stattfindenden Olympischen Spiele. Auf dem Peloponnes im heiligen Hain von Olympia, einem kleinen Wäldchen, stehen Zeustempel und Sportstätten nebeneinander. Die stärksten Jünglinge aus ganz Griechenland und den Kolonien messen ihre Kräfte beim Laufen, Springen, im Speer- und Diskuswurf, in Ringkämpfen und Wagenrennen. Während

**Wissen** *spezial*

**Was ist die Polis?**
So nannten die Griechen ihre Stadtstaaten. Polis bedeutet gleichzeitig Verwaltung und politische Vorhaben, aber auch der Ort und sein Umland mit Äckern und Weiden ist gemeint. Von dem Begriff „Polis" leiten sich heute noch Wörter ab, die für das öffentliche Leben wichtig sind: Politik, Polizei.

Die Sieger der Wettkämpfe erhielten solche Preisamphoren.

**Wissen** *spezial*

**Das griechische Theater**
Die ersten Theaterstücke
wurden zu Ehren des
Weingottes Dionysos
aufgeführt. Aristote-
les meinte, dass jedes
Trauerspiel Mitleid
mit dem Helden her-
vorrufen solle. Die
griechischen Tragödien und
Komödien waren für viele
spätere Dichter maßgeblich
und werden heute noch
gespielt.

der Wettkämpfe herrscht Frieden, auch
wenn Athen und Sparta vielleicht wieder
einmal Krieg gegeneinander führen.

Spätestens seit dem 6. Jahrhundert
v. Chr. bildet sich das so vielfältige griechische **Theater** heraus. Unzählige Bühnen-
werke, Heldengeschichten mit Herakles,
Liebestragödien mit Ödipus, Abenteuer-
stücke mit den fliegenden Dädalus und
Ikarus werden geschrieben. Viele von ihnen stehen
heute noch auf dem Spielplan unserer Theater, wie
auch ihre Werke immer noch in der Schule gelesen
werden: etwa die Irrfahrten des Odysseus und die
Geschichte vom Kampf um Troja des Dichters
Homer.

Eine besondere Stellung unter den Gelehrten genießen
die **Philosophen**, die sogar den tiefen Glauben der Griechen
an ihre Götter zur Diskussion stellen: „Wenn die Kühe

Das Dionysos-Theater
in Athen mit dem zen-
tralen Orchestra-Platz
und den Skené-Bauten,
vor denen die Stücke
aufgeführt wurden.

Hände hätten, würden sie ihre Götter wie Kühe darstellen", meint einer von ihnen. Mit den aufblühenden Naturwissenschaften bringen uns die Griechen weitreichende Kenntnisse: zum Beispiel, dass die Erde eine Kugel ist. Fast exakt berechnen sie ihren wahren Umfang. Einige behaupten, dass alles Leben aus dem „Urschlamm" entstanden sei, was dem heutigen Forschungsstand nahekommt. Andere sagen, dass alles Bestehende sich aus Atomen zusammensetze – eine durchaus moderne Sicht der Physik und Chemie. Besonders die Sternenkunde macht auch bei den Griechen große Fortschritte.

Platon (um 428–349 v. Chr.) war der berühmteste Schüler von Sokrates (470–399 v. Chr.).

### Das Volk entscheidet

In der Wissenschaft und in den schönen Künsten können die Spartaner mit den Athenern nicht mithalten. Andererseits stehen sie im Ruf, äußerst disziplinierte Kämpfer zu sein, die einen sehr sparsamen, eben spartanischen, Lebensstil pflegen. Schon mit sieben Jahren üben die Jungen den Umgang mit Waffen und lernen, sich unterzuordnen. Ein öffentlicher Streit wie der zwischen Nikias und Kleon wäre in Sparta, wo vor allem Disziplin herrscht, undenkbar. Deswegen ist es auch kein Wunder, dass Athen und Sparta immer wieder heftig aneinandergeraten. Athen gilt als offene Gesellschaft, in der jeder Bürger seine Meinung kundtun darf, Sparta dagegen als eine geschlossene Gesellschaft, die von Unterordnung geprägt ist. In Athen kommt etwa zur selben Zeit, im

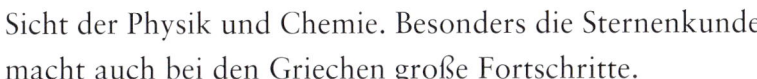

**Wissen** *spezial*

**Philosophen fragen …**
Philosophen stellen Fragen an die Welt. Sokrates etwa ging durch die Straßen von Athen und fragte die Leute: „Was ist gut? Was ist gerecht? Wo kommen wir her? Wo wollen wir hin?" Sein Schüler Platon schrieb alles auf.

Bei Gericht stimmten
die Geschworenen mit
Stimmscheiben über
das Strafmaß ab.

Alexander der Große im
Kampf gegen die Perser

fünften vorchristlichen Jahrhundert,
die Demokratie zu ihrer Blüte.

Fortan verabschieden die männlichen Bürger der Stadt in Versammlungen auf dem Pnyx-Hügel durch Abstimmungen ihre Gesetze und wählen die Verwalter und Beamten. Manche Ämter werden auch durch Los vergeben. Allerdings: Vier Fünftel der erwachsenen Bevölkerung Athens, nämlich Frauen, Fremde und Sklaven, sind vom öffentlichen Leben und deshalb auch von den Volksversammlungen ausgeschlossen. Trotzdem: Der Stadt ist die Teilhabe der Bürger wichtig. Sie zahlt den Teilnehmern der Volksversammlung eine Entschädigung, damit keiner wegen seiner Arbeit fernbleiben muss. Berühmtester Politiker Athens ist Perikles (um 495–429 v. Chr.). Er wird 15 Jahre lang immer wieder in sein Amt gewählt und lässt mit viel Sinn für schöne Baukunst die Akropolis ausbauen.

Diese Szene aus dem Kinofilm „Alexander" zeigt makedonische Soldaten mit ihren typischen Brustpanzern und langen Lanzen, den Sarissen.

## Die Makedonier erobern sich ein Weltreich

Die Streitigkeiten zwischen zwischen Sparta und Athen verlieren zeitweise an Bedeutung, als Griechenland im 5. und 4. Jahrhundert v. Chr. mehrmals von den Persern bedroht wird – einem Volk mit einer großen, starken Armee, die den Griechen weit überlegen scheint.

Im 4. Jahrhundert v. Chr. tut sich ein Mann aus dem Norden Griechenlands hervor: König Philipp II. von Makedonien (382–336 v. Chr.). Vor allem aber seinem Nachfolger und Sohn Alexander (356–323 v. Chr.) gelingt es, Griechenland zu vereinen. In großen Schlachten zu Wasser und zu Lande, besiegt Alexander im 4. Jahrhundert v. Chr. nicht nur die Perser, sondern er schafft ein riesiges Reich, das sich bis nach Indien erstreckt. Deshalb nennt man ihn Alexander den Großen. Unter dessen Herrschaft spielt die Demokratie nur noch eine untergeordnete Rolle.

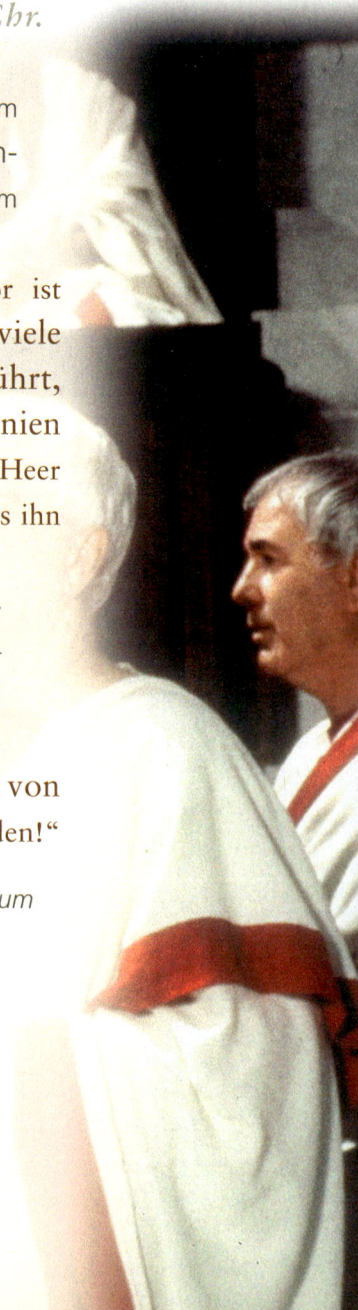

# **Verschwörung** gegen Caesar

*Rom zwischen Republik und Kaiserreich*

*14. März des Jahres 44 v. Chr.*

„Sei auf alles vorbereitet, Freund. Am morgigen Tage wird Caesars Alleinherrschaft ein Ende haben. Und Rom mit ihm auch."

„Wie das? Der Imperator ist mächtiger denn je. Er hat viele siegreiche Kriege geführt, ganz Gallien und Germanien erobert und ein großes Heer von Soldaten hinter sich, das ihn verehrt und zu ihm hält."

„Brutus hat alles sehr geschickt eingefädelt. Und er wird nicht allein sein. – So viel sei noch verraten: Es wird mit einem Dolche geschehen."

„Bei Jupiter, möge dieser Dolch von sicherer Hand geführt werden!"

*Zwei Senatoren auf dem Forum Romanum*

Es geht um Gaius Julius Caesar (100–44 v. Chr.), um einen der berühmtesten Herrscher des Römischen Reiches. Er ist Heerführer, hat viele Gebiete in Europa erobert und sich mit seinen Soldaten anschließend die Macht in Italien selbst gesichert. Deshalb hat er auch Feinde, denn manche wollen nicht hinnehmen, dass einer allein über Rom herrscht. Einer seiner Gegner ist jener Brutus, der Anführer des Mordkomplottes. In einem Bürgerkrieg hat er gegen Caesar gekämpft, sich dann mit ihm versöhnt, und nun arbeitet er seit Längerem eng mit ihm zusammen.

Julius Caesar diktiert seinen Schreibern.

Dadurch sind ihm Caesars Gewohnheiten und seine Helfer so vertraut, dass er das Mordkomplott schmieden kann.

## Die Anfänge der Republik Rom

Wie kommt es, dass Brutus (85–42 v. Chr.) und die anderen **Senatoren** eine Alleinherrschaft Caesars nicht dulden?

Rom blickt bereits auf eine lange Geschichte zurück. Rund 750 Jahre zuvor wurde die Stadt gegründet, der Sage nach von den Zwillingen Romulus und Remus, die von einer Wölfin großgezogen wurden. Rom lag damals in Latium, das von einem König regiert wurde. Einflussreiche Adelsfamilien standen ihm beratend zur Seite. Um 500 v. Chr. verjagten die Römer ihren letzten König. Denn fortan wollten sie sich selbst regieren und schufen eine Republik: Von nun an beschließen

Volksversammlung und Senat die Gesetze, die von Beamten ausgeführt werden, die auf zwei Jahre gewählt sind. An der Spitze ist kein König, sondern zwei Konsuln, damit nicht einer allein zu viel Macht hat.

Der Legende nach säugte eine Wölfin Romulus und Remus.

In der Ära der Republik erobern die Römer nach und nach viele Gebiete in Italien. Bald gehört ihnen die ganze Halbinsel, die auf der Landkarte in der Form eines Stiefels ins Mittelmeer hineinragt. Eine gut funktionierende Verwaltung und eine schlagkräftige Armee helfen ihnen dabei. Als sie aber im Süden die Insel Sizilien ihrem Staat einverleiben wollen, bekommen sie es mit einem mächtigen Gegner zu tun: Karthago – einer Seemacht, deren Zentrum an der Küste des heutigen Tunesiens liegt, in Nordafrika. Einer der Feldherren Karthagos, Hannibal, nimmt einen großen Umweg in Kauf und zieht mit 20.000 Soldaten und 36 Kriegselefanten durch Spanien, Frankreich und die Schweiz über die Alpen, um Rom von Norden aus anzugreifen. „Hannibal ad Portas", ruft man in Rom erschrocken, „Hannibal steht vor den Toren." Er gewinnt zwar viele

Modell der antiken Stadt Rom

Hannibal überquerte mit seinem Heer die Alpen; Szene aus dem gleichnamigen Kinofilm.

So ähnlich wird das
Leben auf den Straßen
im alten Rom ausgese-
hen haben.

Schlachten, doch Rom kann er nicht besiegen. Im Gegen-
teil: Die Römer zerstören bald darauf Karthago. Sie sind
fortan die einzige Großmacht an den Mittelmeerküsten,
der damals bekannten Welt.

## Die Hauptstadt wächst

Jenes Forum Romanum, auf dem sich die Verschwörer
treffen, ist als Zentrum für den Markt und politische Versammlungen das Herz der Stadt. Hier werden Geschäfte
abgeschlossen und politische Entscheidungen getroffen.
Hier versammeln sich die Senatoren zur Beratung, hier stehen auch die Rednertribüne und der Saturntempel mit
dem Staatsschatz. Seit 60 v. Chr. werden hier auch die
politischen Tagesberichte angeschlagen, gewissermaßen
eine Wandzeitung. Noch heute kann man mitten in der
Dreimillionenmetropole Rom die Ruinen und Grundmauern des Forums besichtigen.

Der Versammlungsort
des Senats war die
Kurie, ein Ziegelbau auf
dem Forum Romanum.

Gladiatoren im Kampf
auf Leben und Tod

Die römische Gesellschaft ist vielschichtig. Da sind die Adelsfamilien, die sich aufgrund ihrer vornehmen Herkunft im Senat einflussreich zu Wort melden. Brutus gehört zu ihnen, während Caesar die Plebejer, das einfache Volk, und dessen Fürsprecher hinter sich hat. Die Plebejer, das sind freie Bauern, Handwerker, Kaufleute, Händler und Soldaten. Völlig rechtlos hingegen sind die Sklaven, die die Reichen bedienen, schwere Feldarbeit leisten oder die Kriegsschiffe rudern.

Mit dem Römischen Reich wächst die Hauptstadt Rom auf eine Größe mit bis zu einer Million Einwohnern an, etwa so wie München heute. Das bereitet jedoch große Pro-

Das Kolosseum

bleme. Der Müll türmt sich in manchen Gassen meterhoch. Brände vernichten ganze Stadtteile, weil die Holzhäuser dicht an dicht stehen. Zum Ausgleich für dieses harte Leben der einfachen Bevölkerung bietet die Regierung große Zirkusvorführungen in den Arenen an. Eine Arena, wie das Kolosseum in Rom, fasst so viele Zuschauer wie heute ein Bundesligastadion. Teilweise sind es allerdings grausame Spektakel: Mal kämpfen Gladiatoren, das sind Schwertkämpfer, auf Leben und Tod. Mal werden Kriegsgefangene, Straftäter oder einfach nur Sklaven zusammen mit wilden Tieren in die Arena gelassen und vor den Zuschauermassen zerrissen. Mal wird der Stadionboden unter Wasser gesetzt, um kleine Seeschlachten nachzustellen. Das Prinzip funktioniert immer aufs Neue: Hat die arme Volksmehrheit Brot und Spiele, so stellt sie die Macht der Herrschenden nicht infrage und ist bereit, für sie in den Krieg zu ziehen.

Ein Gladiatorenhelm aus Eisen schützte Kopf und Gesicht des Kämpfers.

**Thema**  **Das Imperium Romanum**

*Das Römische Reich erreichte im Jahr 117 n. Chr. seine größte Ausdehnung. Zunächst ging es um die Vormacht im Mittelmeerraum. Mit den Punischen Kriegen kamen Nordafrika und Spanien hinzu, mit den Feldzügen Caesars Frankreich und Deutschland westlich des Rheins und südlich der Donau. Weil die Germanen die Römer immer wieder überfielen, hatten die Römer den Limes gebaut, einen 550 Kilometer langen Wall mit Zaun und Wachtürmen. Viele Städtenamen haben römische Wurzeln, zum Beispiel Köln: „colonia claudia ara Agrippinensium", worin die Worte Kolonie, Kaiser Claudius, Altar, und zwar ein zentraler, und Agrippina, Gemahlin eines Kaisers, enthalten sind.*

## Caesar auf dem Weg zur Alleinherrschaft

Kurz vor der Zeitenwende, vor Christi Geburt also, entwickelt sich aus Machtkämpfen im Senat ein Triumvirat, die Aufteilung der Macht auf drei Befehlshaber, die das riesige Weltreich mit seinen zahlreichen Provinzen in drei Teile aufgliedern. Bis einer von ihnen, Caesar, mit seinen Heeren nicht nur in die Gebiete der anderen eindringt, sondern schließlich auch ins römische Kernland marschiert und sich selbst zum Diktator auf Lebenszeit macht. Das aber ruft seine Gegner auf den Plan.

Und tatsächlich naht nun die Stunde des Marcus Junius Brutus. Er bestellt die Mörder, die Caesar am 15. März im Jahre 44 v. Chr. im Senat erstechen. Doch viel hat Brutus nicht von Caesars Tod. Zwar wird er nicht bestraft, aber aus den nächsten Bürgerkriegen geht schließlich Caesars Adoptivsohn Octavian (63 v. Chr. – 14 n. Chr.) als Sieger hervor. Der Senat akzeptiert Octavians Macht und verleiht ihm dafür den Ehrentitel „Augustus", der Erhabene. Augustus ist Vorbild für alle weiteren römischen und mittelal-

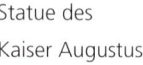

Statue des
Kaiser Augustus

Die Mörder Caesars ließen Münzen prägen und verteilen: mit Brutus auf der Vorder- und den Dolchen auf der Rückseite.

terlichen Kaiser, obwohl er selbst sich als „princeps inter pares", als Fürst unter Gleichen, bezeichnet. Nach und nach lässt er sich mehr Machtbefugnisse vom Senat übertragen. Aber der Einfluss auf die Macht in den Provinzen des Weltreiches liegt weiterhin in den Händen des Senats.

## Augustus, der erste Kaiser

Fast 50 Jahre lang regiert Augustus. Er hat im Laufe der Zeit verschiedene Ehrentitel bekommen, doch der bedeutendste von allen lautet: „imperator caesar divi filius augustus". Das heißt so viel wie: der erhabene Feldherr und Kaiser, Sohn des Vergöttlichten. In diesem langen Titel kommen einerseits seine Verdienste als Heerführer zum Ausdruck, andererseits bezieht er sich auf seinen Adoptivvater und Vorgänger Caesar als den Vergöttlichten. Der **Name** Caesars ist nun zum Titel geworden. Automatisch wird der Titel auf den Amtsnachfolger übertragen. Den Titel Caesar oder Kaiser tragen nach Augustus noch ungefähr 150 weströmische Kaiser in etwa 500 Jahren.

**Wissen** *spezial*

**Bedeutungsvolle Namen**
Die Römer hatten Vor- und Familiennamen und einen Beinamen, der oft ein Spitzname war. Marcus Tullius Cicero (sprich Kikero) hat den Beinamen „Kichererbse". Bei Marcus Junius Brutus bedeutet er „Dummkopf".

Münze mit Caesars Bildnis

# In Allahs Namen

## Ausbreitung der arabischen Welt

*636 in der Nähe von Damaskus*

„Halt, nicht mehr schießen, keine Pfeile mehr auf den Mann", ruft Khalid, der Kommandant, seinen voranstürmenden Truppen zu. Der Reiterkrieger, der ihnen allein entgegenkommt, schreit aus der Entfernung herüber: „Was wollt ihr von uns?" Es ist Georgios, auch er ein General, aber seine Soldaten ließ er hinter sich. „Ihr habt die Wahl", antwortet Khalid, „entweder ihr alle werdet Muslime, nehmt also unseren Glauben an, nennt unseren Gott Allah auch euren Gott. Oder ihr zahlt Steuern. Oder die Schlacht geht weiter."

Georgios denkt kurz nach. „Wird Allah uns gut behandeln?"

„Gewiss, Allah ist gütig zu allen, die an ihn glauben." „Gut, es sei also", ruft Georgios laut, „Allah ist groß, Allah ist mächtig und Mohammed sein Gesandter."

„Komm zu mir ins Zelt", antwortet Khalid, „dort wollen wir beten."

*Khalid, ein muslimischer, und Georgios, ein christlicher Heerführer*

Die arabischen Reiterkrieger des Kalifen sind dabei, die Gegend des heutigen Syrien zu erobern, die zum Oströmischen Reich gehört und damit christlich ist. Dessen Heerführer Georgios tritt zum Islam über, nennt nunmehr bereitwillig seinen Gott Allah. Doch seine Truppen folgen ihm nicht. Sie greifen Khalids Soldaten an, schlagen sie zunächst sogar zurück. Letztlich aber bleiben die Muslime überlegen. General Khalid, auch „das Schwert Allahs" genannt, führt ihren Vormarsch an. Die Schlacht am 20. August 636 am Jarmuk, einem Nebenfluss des Jordans an der heutigen Grenze zwischen Syrien und Jordanien, gilt als entscheidende Wende zu einem fast unaufhörlichen Siegeszug der Araber, zunächst in Palästina und von da aus in Richtung Persien und Ägypten. Nach diesem Sieg ist die Eroberung der christlich-römischen Stadt **Damaskus** nicht mehr schwer; denn die oströmischen Truppen haben ihre Kräfte in zahlreichen Schlachten und großen Feldzügen gegen die Perser gelassen. Zwei Jahre später kommt auch Jerusalem mit dem Grab Jesu, des Gründers des Christentums, und den Überresten des jüdischen Tempels unter muslimische Herrschaft.

Diese Kalligrafie stellt die Worte „Allah ist groß" dar.

## Wissen *spezial*

**Damaskus**
Damaskus war eine wichtige Stadt im Heiligen Land, in der die syrische, griechische, römische und christliche Kultur schon verschmolzen waren. Der oströmische Kaiser Theodosius ließ eine große Kirche über dem Grab Johannes' des Täufers bauen. Auf ihren Grundmauern entstand im Jahr 705 eine Moschee.

## Die Kriegstaktik der Muslime

Schnell wie ein Sandsturm in der Wüste vergrößert sich der Machtbereich der Kalifen, der Nachfolger des Propheten Mohammed: Im Jahr 636 Damaskus, 638 Jerusalem, in den 630er-Jahren das Zweistromland mit Bagdad und in den 640er-Jahren auch Persien und die Nordküste Afrikas mit Alexandria und

Nach der Eroberung Jerusalems baute der zweite Kalif Omar den Felsendom.

Durch den Erzengel
Gabriel offenbarte
Mohammed im Laufe
von 22 Jahren den
Koran.

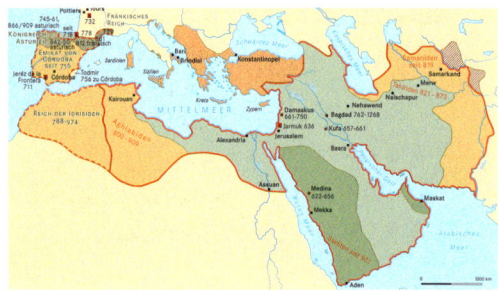

Ausbreitung des
Kalifenreiches:
Dunkelgrün: um 632
Hellgrün: um 661

Tripolis, um 730 Spanien und Südfrankreich. Wie aber können die Kalifen in nur etwa 25 Jahren ein riesiges Reich von Tripolis bis zum Zweistromland erobern? Sie verfolgen eine einfache Taktik, die auf den Koran, die heilige Schrift mit den Offenbarungen Allahs an Mohammed, zurückgeht. „Kämpft gegen die, die nicht an Allah glauben. Aber gegen diejenigen, die die Schrift erhalten haben, kämpft nur so lange, bis sie Tribut zahlen."

Georgios ist Muslim geworden, und doch haben seine Soldaten den Kampf fortgesetzt. Das ist eher ungewöhnlich. In den meisten Fällen kommt es zwischen Christen und Muslimen in solchen Situationen zu Verhandlungen über den Tribut, die Höhe der Kopfsteuer, die Angehörige von Buchreligionen – das sind Religionen mit einer heiligen Schrift – an die neuen muslimischen Machthaber zu zahlen haben. Dafür genießen sie aber auch Schutz, die Dhimma. Anders als die christlichen Eroberer kämpfen die muslimischen nicht, bis eine Stadt komplett erobert ist, sondern nur, bis ihre Bewohner zu Verhandlungen bereit sind. Das ist kräfteschonend für Krieger und Pferde und bringt das nötige Geld für die Verwaltungskasse. Anders als viele christliche Missionare zwingen die Muslime Andersgläubige nicht zum Beitritt zu ihrer Religion, sondern sie bieten ihnen geschäftliche und rechtliche Vorteile an. Die Andersgläubigen, Anhänger monotheistischer Religionen, haben im arabischen Reich ein gesichertes und geregeltes Auskommen. Wer allerdings an mehrere Götter glaubt, gilt als „Harbi", als zum Krieg gehörend, und kann getötet, versklavt, vertrieben und enteignet werden.

Sieben Mal umrunden
die Pilger die Kaaba und
berühren den Schwarzen
Stein, ein Meteorit, der
in einer Ecke der Kaaba
eingelassen ist.

**Wissen**
*spezial*

**Was bedeutet
Dhimma?**
Die Dhimma be-
schreibt ein festge-
legtes Rechtsverhält-
nis. Angehörige
monotheistischer
Buchreligionen müs-
sen Steuern zahlen,
dürfen aber Gottes-
dienste halten und
auch ihre eigenen
Schulen in ihrer
eigenen Sprache
unterhalten. Sie dür-
fen keinen Kriegs-
dienst leisten.

## Welche Rolle spielt Mohammed?

Die beispiellose Ausdehnung des Gottesstaates beginnt mit
Mohammed (um 570–632). Der Prophet und Mittler Gottes ist eine große Persönlichkeit und kann sowohl als religiöser Anführer überzeugen als auch die politische Herrschaft
erringen. Mohammed eint zuerst die Stammesgesellschaf-
ten in der Arabischen Wüste, bevor er sich von Medina nach
Mekka wagt, wo sich der Glaube an einen einzigen Gott
nicht sogleich durchsetzen kann. Erst nach blutigen Kämpfen geben die Mekkaner nach und erlauben den Muslimen
die Benutzung der „Kaaba", ihres heidnischen Heiligtums.

Junge Musliminnen
lesen im Koran.

Mohammed soll über 300 Göt-
zenbilder zerschlagen haben,
ehe er **Mekka** zur heiligen Stadt
des Islam erklärte. Das
geschieht erst am Ende seines Lebens im Jahr 629,
drei Jahre vor Mohammeds Tod. Zu dem Zeitpunkt
hat sich der muslimische Glaube endgültig durch-
gesetzt und wird von hier aus weit verbreitet.

    Während die Gotteskrieger nach Jerusalem und
Damaskus ziehen, dauern die Kämpfe um die Nachfolge Mohammeds an. Dabei schälen sich die bis
heute bestehenden Unterschiede zwischen **Sunniten
und Schiiten** heraus. Beide Familienzweige bean-
spruchen, die rechtmäßigen Nachfolger Mohammeds
zu sein. Im Jahr 661 setzen sich die sunnitischen
Omaijaden durch, indem sie ihren Gegner Ali,

## Wissen spezial

### Mekka – heute noch heilig?

Die Fahrt Mohammeds von
Medina nach Mekka sollte
jeder Muslim einmal in seinem Leben in einer Pilgerreise nachvollzogen haben.
Das letzte Stück des Weges
gehen die Pilger zu Fuß und
nehmen an den Feiern in
der Kaaba teil, wo sie auch
den heiligen Stein der Vor-
väter berühren dürfen.

## Thema    Von Bildern und Schriften

*Die arabische Kultur ist eine Schrift- und Buchkultur. In den Städten gab
es schon um 900 viele Buchhandlungen und Papiergeschäfte, die gleichzeitig
auch zum Austausch zwischen den Autoren und Lesern beitrugen. Vor allem
das Haus der Weisheit, eine Lehrstätte nach persischem Vorbild in Bagdad,*

*war berühmt. Dort wirkten 90 Gelehrte
und Übersetzer, darunter auch Christen
und Juden. Es hatte eine Bibliothek, eine
Akademie, ein Observatorium und ein
Krankenhaus. Solche Lehrstätten gab es
auch in Córdoba, Sevilla und Alexandria
und später auch in Timbuktu in Afrika.*

Beim Gebet verneigen sich Muslime immer in die Himmelsrichtung, in der Mekka liegt.

Mohammeds Schwiegersohn, ermorden. Damit hat die Partei Alis, das heißt auf Arabisch „Schia", den Kampf verloren. Die siegreichen Omaijaden verlegen die Hauptstadt des Kalifats von Medina nach Damaskus. Von 750 an ist Bagdad fast 500 Jahre lang die Hauptstadt des arabischen Reiches und entwickelt sich zum Macht- und Kulturzentrum.

### Erfindungen und Entdeckungen

Die arabische Welt, die islamische Kultur, ihr Wissensstand sind in ihrer Blütezeit der europäischen Kultur weit überlegen. Während im Westen viel Wissen aus der Antike verloren ging, haben die Araber viele Erkenntnisse der Griechen überliefert, ihre **Bücher** übersetzt und so erhalten. Sie übernehmen viele Kenntnisse von den Indern und Chinesen, zum Beispiel die Papierherstellung und den Buchdruck mit beweglichen Lettern und damit auch das Papiergeld, das sie 1000 Jahre vor den Europäern in Umlauf bringen. Durch Verwendung der indischen Dezimalzahlen, die bei uns arabische Zahlen heißen, sind

**Wissen spezial**

**Sunniten und Schiiten**
Der Streit zwischen Schiiten und Sunniten spielt bis heute und gegenwärtig im Bürgerkrieg im Irak eine Rolle. Der gestürzte Diktator Saddam Hussein war Sunnit. Seit seinem Tod erstarken die bisher unterdrückten Schiiten. Heute sind 90% aller Muslime Sunniten, 10% Schiiten.

Arabischer Alchemist

ganz andere Rechenmethoden in der Mathematik möglich. In der Medizin entwickeln sie die Erkenntnisse der Syrer und Griechen weiter, erfinden zum Beispiel den Gipsverband zur Heilung bei Knochenbrüchen. Astronomie, Philosophie – auch hier übernehmen die Araber griechisches und ägyptisches Wissen und führen es weiter. Zugute kommen ihnen ihre Toleranz und Neugier gegenüber anderen Kulturen. Und da der Islam von seinen Gläubigen das Koranstudium verlangt, wird Arabisch nicht nur zur Religionssprache, sondern auch zur Sprache der Wissenschaft und Gelehrsamkeit in der ganzen eroberten Welt. In dieser Zeit können im arabischen Raum wesentlich mehr Menschen lesen als im europäischen, weshalb das kulturelle Wissen hier auch viel weiter verbreitet ist.

## Die Glanzzeiten der Kalifenreiche

Um 800 haben die Muslime auch die gesamte Nordküste Afrikas erobert. Über die Meerenge Gibraltar rücken die Araber über Spanien nach Frankreich etwa bis zu dem Fluss Loire vor und stoßen dort auf die Franken, von denen sie zum ersten Mal im Jahr 732 in der Schlacht zwischen Tours und Poitiers besiegt werden. Etwa 300 Jahre lang bleiben die Araber im heutigen Spanien, wo sie „Mauren"

Karl Martell führte das siegreiche Heer der Franken gegen die muslimischen Araber.

Die monotheistischen Religionen: Christentum, Judentum und Islam

genannt werden. Wunderschöne orientalische Paläste, wie die Alhambra bei Granada, zeugen heute noch davon. Erst mit dem grausamen Wirken der Inquisition, des Kirchengerichts, ab 1492 geht diese blühende Kulturregion im Kalifat von Córdoba, in der Juden, Christen und Muslime sich gegenseitig bereichern, ein für alle Mal zu Ende.

Das Machtgefüge allerdings ist längst verschoben. Seit 1250 bedrängen die Mongolen das Kalifat in Bagdad. Aus dem nordöstlichen Zentralasien kommend, stößt das mongolische Reitervolk weit in das chinesische Reich und nach Nepal vor, erobert Persien von den Arabern und steht 1258 in Bagdad. Dort nehmen die Muslime nun keine Tribute mehr ein, sondern zahlen selbst welche an die Mongolen. So löst ein Reich das andere ab, und Europa gewinnt auf der Bühne des Weltgeschehens an Bedeutung, während im Nahen Osten schon bald die Türken das Osmanische Reich, einen muslimischen Nachfolgestaat, gründen. 1453 erobern sie das Oströmische Reich mit der Hauptstadt Konstantinopel.

Der Löwenhof der Alhambra in Granada

Die Türken erobern Konstantinopel.

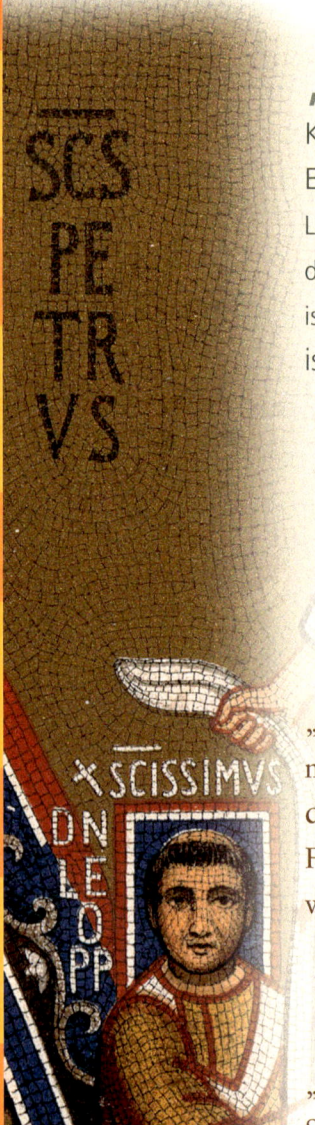

# Ein Frankenkönig **wird Kaiser**

## *Karl der Große und der Papst*

*23. November 800, nahe Rom*

„Ich grüße dich, Karl. Möge Gott dir Kraft geben, den bösen Mächten Einhalt zu gebieten, die in meinem Land, im Staate Petri, walten", spricht der in weißer Kutte gekleidete Mann. Es ist der Papst, und man sieht ihm an: Er ist in Not.

Ein großer Herr mit Bart steht vor ihm. „Der Herrscher der Franken", antwortet der und meint damit sich selbst, „ist dir bekannt als jemand, der sich für Gerechtigkeit vor Gott einsetzt. Seid beruhigt."

„Audiatur et altera pars. Man muss aber auch die Meinung der anderen anhören", fährt der Frankenherrscher fort. „Und das werde ich auch tun."

Worauf der Papst murmelt: „Was immer du zu meiner Unterstützung leistest, es soll nicht zu deinem Schaden sein."

„Lasset uns aufbrechen in deine Stadt und die Dinge ordnen."

*Karl, König der Franken, und Papst Leo III.*

 Mit ernstem Gesicht gehen die beiden Herrschergestalten aufeinander zu, umarmen sich vorsichtig. Und sie beten. – Bisher hatten sie Gesandte ausgetauscht, jetzt aber stehen sie zum ersten Mal einander gegenüber, in Mentana, zwölf Kilometer vor Rom. **Papst** Leo III. (–816) ist König Karl (747–814) aus seinem Amtssitz im nahen Rom entgegengekommen, eigens um den Frankenkönig zu begrüßen. Karl hat einen langen Marsch hinter sich. Er ist ein stattlicher Mann von 1,82 Meter, mit breit gewachsenem Schnauzbart. Aber nicht deswegen wird man ihn später den Großen nennen. – Über 1000 Kilometer und über hohe Alpenpässe ist er gezogen mit seinem Gefolge, oft getragen in einer Sänfte. Dass der Papst ihm so weit vor die Stadt entgegenkommt, ist schon eine besondere Ehre. Aber es hat auch seine Gründe: Feinde aus der Stadt Rom haben den neuen Papst nicht anerkannt, ja sie trachten ihm, dem Stellvertreter Christi, sogar nach dem Leben. Und nun sucht er Schutz bei dem mächtigen Frankenkönig Karl. Deshalb der freundschaftliche Empfang, und deshalb will Leo Karl zum ersten Herrscher Europas machen. Doch ahnt Karl überhaupt, was Papst Leo mit ihm vorhat? Beide machen sich am selben Tag noch auf den Weg nach Rom, wo sich der Amtssitz Papst Leos befindet. Für Karl ist es der Weg, Karl der Große zu werden, seine Macht und sein Reich zu festigen. 53 Jahre ist er jetzt alt und blickt zufrieden auf etwa 30 Herrschaftsjahre zurück.

Diese Reiterstatue zeigt, wie Karl der Große wahrscheinlich ausgesehen hat.

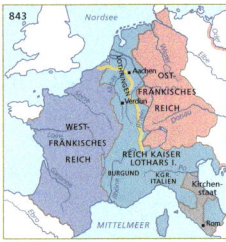

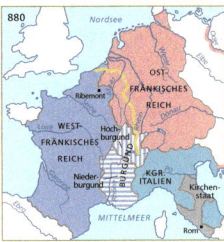

Das Frankenreich von
751 bis 880

Reiter des Frankenheeres
in Paris

## Unter Karl wächst das Frankenreich

Gut 400 Jahre zuvor hat sich das einst mächtige Römische Reich in ein östliches und ein westliches geteilt. Beide Reiche verloren seither an Bedeutung, besonders das westliche zerfiel schon bald in Einzelherrschaften und kam in andere Hände. Rom wurde eine Zeit lang von Goten und Vandalen beherrscht, die Langobarden zogen von Skandinavien nach Norditalien, die Franken ins heutige Frankreich und westliche Deutschland, wo zuvor schon die Kelten und die Germanen ansässig waren. Das Frankenreich gibt es seit dem Jahr 486. König Karl hat es von seinem Vater Pippin dem Jüngeren (um 715–768) und seinem Bruder Karlmann (751–771) geerbt. Stets auf Reisen von Pfalz zu Pfalz und von Krieg zu Krieg, hat er das Reich gefestigt und erweitert, und das, obwohl seine Grenzen immer wieder infrage gestellt werden.

Im Südwesten ziehen zur Zeit Karls die Araber immer wieder zu Beutezügen von Spanien über die Pyrenäen. Im Norden sind gerade erst die Friesen durch den Mönch und Missionar Bonifatius (um 675–754) christianisiert und

befriedet worden. Von Osten macht der mächtige Stamm der Sachsen Druck. Unklar ist auch die Frage der Vorherrschaft im nördlichen Italien. Darum wetteifern die Langobarden, die Kirche unter dem Papst und Karl selbst. Außerdem drängen aus dem Fernen Osten immer wieder fremde Völker nach Mitteleuropa.

Der Gelehrte Alkuin war einer der einflussreichsten Berater Karls des Großen.

Schnell stellt Karl zwei Dinge klar: Er will das Reich vereinen, darin keine Nebenherrscher oder abtrünnige Gebiete mehr dulden und sichere Grenzen schaffen. Deshalb setzt er an den Grenzen Markgrafen ein, die gegen Eindringlinge eigenständig ein Heer aufstellen können, und entsendet Königsboten, die alle Grafen und auch die Äbte und Bischöfe überwachen. Und Karl entscheidet selbst, wer Abt oder Bischof oder Graf werden soll. Außerdem ist ihm wichtig, dass sein Volk ein Volk von Christen ist. Auf diese Art hat er sein großes Reich mit mehreren Volksstämmen zusammengehalten; und deshalb wird er heute „Vater Europas" genannt. Allerdings geht er mit Härte und Grausamkeit vor – schon bei den 772 beginnenden Kriegen gegen die benachbarten Sachsen. 32 Jahre dauern sie an und kos-

Karl empfängt arabische Gesandte.

Reliquienbehälter mit Elle und Speiche von Karls rechtem Arm.

ten viele Tausend Menschenleben. Durch Zwangstaufen will Karl die Sachsen zu Christen bekehren, durch Zwangsumsiedlungen lässt er aus dem sächsischen und dem fränkischen ein einheitliches Volk entstehen, einen Vorläufer auch des deutschen Volkes.

Zur selben Zeit schickt Karl seine Krieger, die mit Axt, Lanze sowie Pfeil und Bogen ausgerüstet sind, auch in andere Richtungen, nach Bayern, nach Spanien. Im Gebiet des heutigen Italien gelingt es ihm, die Langobarden („Langbärte") zu besiegen, die im Kernland der alten Römer ihr Königreich errichtet haben. Schon bei einem früheren Italienzug belagerte und eroberte Karls Heer die langobardische Hauptstadt Pavia. Seitdem ist er **Rex Francorum et Langobardorum**, König der Franken und Langobarden. So nämlich ist für die Franken der Weg nach Rom sicher und dem Kirchenstaat des Papstes im Herzen der Apenninhalbinsel droht keine Gefahr von Norden.

Zwangstaufen waren an der Tagesordnung.

Vor der Synode schwor Papst Leo III., nichts von den Vorwürfen und Vergehen zu wissen.

## Papst Leo in Bedrängnis

Doch eines ist deutlich: Zu dieser Zeit sind das Papsttum, sein Herrschaftssitz und seine Macht über die Christenheit abhängig vom Frankenkönig Karl. Das gilt ganz besonders für Papst Leo III., der von den Adligen in Rom bedrängt wird. Sie werfen ihm vor, ein sündhaftes Leben zu führen, Betrug und Ehebruch begangen zu haben. Ja, sie trachten ihm sogar nach dem Leben.

Dies ist die politische Lage, als Leo und Karl an jenem Novembertag im Jahre 800 aufeinandertreffen. Karl ist nicht gekommen, um sich bedingungslos auf die Seite des Kirchenoberhauptes zu stellen, sondern um Frieden zwischen Papstgegnern und -befürwortern in Rom zu stiften und sich die Vorwürfe gegen Leo anzuhören. Deshalb ruft er als Erstes eine Synode zusammen, eine Zusammenkunft der höchsten Kirchenmänner Roms. Sie sollen die Vorwürfe gegen den Papst untersuchen. Die Synode dauert mehrere Wochen, kommt aber zu keinem Ergebnis. Ein Eid des Papstes, in dem dieser seine vollständige Unschuld beteuert, beendet vorerst die Diskussion.

Der Aachener Dom von innen: Blick in das (acht-eckige) Oktogon

## Carolus, a Deo coronatus

So kommt es am 25. Dezember des Jahres 800 zu jenem denkwürdigen und richtungweisenden Ereignis. Im alten Petersdom – der heutige ist noch nicht erbaut – nimmt Karl an einem festlichen Weihnachtsgottesdienst teil. Auch Mitglieder der Synode und viele Bürger Roms sind anwesend. Im Rahmen der Messfeier legen Leo und Karl sich zum gemeinsamen Gebet auf den Marmorboden nieder. Nachdem sich beide wieder erhoben haben, nimmt Papst Leo III. eine **Krone** und setzt sie auf Karls Haupt. Die anwesenden Römer akklamieren und rufen: „Carolo augusto, a Deo coronato magno et pacifico imperatori, vita et victoria! Karl, dem Augustus, dem von Gott gekrönten großen und friedenstiftenden Kaiser, Leben und Sieg!" Mit ihrem Beifall und ihren Zurufen begrüßen und bestäti-

**Thema**  Königs- und Kaiserpfalzen

*Pfalz kommt von lateinisch „pallas", Palast. Außer dem Palast gehörten eine Kapelle, Gästehäuser, Ställe und Wirtschaftshöfe zur Versorgung der Reisenden und ihrer Pferde zu einer Pfalz. Aachen hatte Karl der Große zu seiner Lieblingspfalz erhoben, wahrscheinlich wegen der warmen Schwefelquellen, die seine Gichtschmerzen lindern konnten. Die besonders prächtige, achteckige und zweistöckige Pfalzkapelle ist heute Teil des Doms von Aachen. Seit 936 war sie Krönungskirche für 37 deutsche Könige, die alle auf einem Marmorthron Platz nahmen, unter dessen Sitz noch das Holz von Karls Thron ist.*

Papst Leo III. krönte am 25.12.800 den Frankenkönig Karl zum Kaiser.

gen sie Karl als Kaiser. Dadurch, dass der Papst mit der Krönung seinen Schlichter Karl bestätigt, können auch die Papstgegner jetzt den Papst wieder bejahen. Der erste Römische Kaiser, seit vor etwa 350 Jahren das Weströmische Reich untergegangen ist, und der erste Römische Kaiser nördlich der Alpen.

Die Wissenschaftler sind sich über die Umstände der Krönung nicht einig. Hat Karl sie von Leo verlangt, für seine Solidarität mit dem Papst? Hat Leo sie einfach vollzogen, ohne Karl zuvor zu fragen? Nur um ihn nun seinerseits von sich abhängig zu machen? Die tatsächlichen Gründe von Karl, dem Großen, und Papst Leo III., sind jedoch nicht bekannt, weil es über diese Zeit nicht viele Berichte gibt, die Aufschluss darüber geben könnten. Doch die Kaiserkrönung eines Königs aus dem Norden wird Schule machen. Und nach Karl werden noch viele deutsche Könige diesen Weg über die Alpen nach Rom gehen, um im Petersdom die begehrte Krone aus den Händen des Papstes in Empfang zu nehmen.

**Wissen** *spezial*

**Wie sah die Krone aus?**
Es gibt keine Bilder oder Beschreibungen aus der damaligen Zeit. Mit der abgebildeten Reichskrone wurden später die deutschen Könige gekrönt – in der Nachfolge Karls des Großen in der Aachener Pfalzkirche.

Diese alte Münze zeigt Karl den Großen als römischen Kaiser.

# Reise nach **Jerusalem**

*Kreuzritter kämpfen um das Heilige Grab*

*Frankreich im November 1095*

„Aus dem Land Jerusalem und der Stadt Konstantinopel kam schlimme Nachricht und drang schon oft an unser Ohr: Das Volk im Perserreich, ein fremdes Volk, eine Brut von ziellosem Gemüt und ohne Vertrauen auf Gott, hat die Länder der dortigen Christen besetzt, durch Mord, Raub und Brand entvölkert und die Gefangenen teils in sein Land abgeführt, teils elend umgebracht; es hat die Kirchen Gottes gründlich zerstört oder für seinen Kult beschlagnahmt. ... Wem anders obliegt nun die Aufgabe, diese Schmach zu rächen, dieses Land zu befreien, als euch? Euch verlieh Gott mehr als den übrigen Völkern ausgezeichneten Waffenruhm, hohen Mut, körperliche Gewandtheit und die Kraft, den Scheitel eurer Widersacher zu beugen."

*Auf dem Konzil von Clermont ruft Papst Urban II. die Christen Europas zum Kreuzzug auf.*

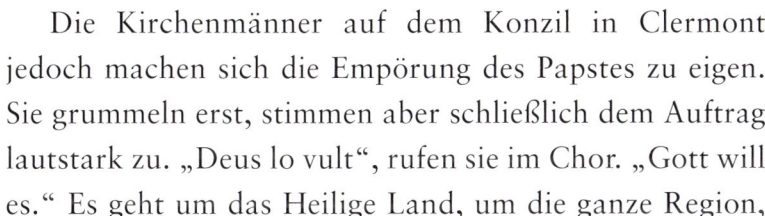

Papst Urban II. (1035–1099) ruft in dieser Rede zur Rache für ein Ereignis auf, das bereits 86 Jahre zurückliegt, und es war längst nicht so grausam, wie er es darstellt: Im Jahr 1009 verwüsteten muslimische Fanatiker in Jerusalem die Grabeskirche Jesu. Solche Gewalttaten sind damals selten. Ansonsten zeichnen sich die Muslime meist durch Toleranz gegenüber den Christen und Juden in Palästina aus. Ihre Herrscher, die Kalifen, lassen die andersgläubigen Christen durchaus Gottesdienste in ihren Kirchen abhalten – allerdings verlangen sie dafür hohe Abgaben.

Papst Urban II.

Die Kirchenmänner auf dem Konzil in Clermont jedoch machen sich die Empörung des Papstes zu eigen. Sie grummeln erst, stimmen aber schließlich dem Auftrag lautstark zu. „Deus lo vult", rufen sie im Chor. „Gott will es." Es geht um das Heilige Land, um die ganze Region,

Ritterturniere waren eine gute Vorbereitung für den Kampf.

in der Jesus einst lebte und wirkte, um die Stadt Jerusalem, in der Jesus begraben wurde. Papst Urban II. will, dass dort die Christen anstelle der arabischen Kalifen herrschen. Hinzu kommt, dass der oströmische, byzantinische Kaiser Alexeios sich von den arabischen Muslimen bedrängt fühlt und den Papst schon ein Jahr zuvor um Hilfe gebeten hat.

### Wer nimmt das Kreuz auf sich?

In ganz Mitteleuropa, in Frankreich und Italien verbreitet sich der Aufruf des Papstes in Windeseile. Viele Ritter fühlen sich angesprochen und wollen

**Die Kreuzzüge**

Im Mittelalter rief die Kirche zu sieben gewaltigen Kreuzzügen, Kriegen gegen die Ungläubigen auf. Ganz Europa war von der Bewegung erfasst, das Heilige Grab von Jesus Christus unter christliche Herrschaft zu bringen.

1. Kreuzzug: 1096–99
2. Kreuzzug: 1147–49
3. Kreuzzug: 1189–92
4. Kreuzzug: 1202–04
5. Kreuzzug: 1228–29
6. Kreuzzug: 1248–54
7. Kreuzzug: 1270

sich den sogenannten **Kreuzzügen** anschließen. Manche, die etwas auf dem Kerbholz haben, entscheiden sich aus religiösen Beweggründen dafür. Für sie ist es eine Pilgerreise zum Grab Jesu zur Vergebung ihrer Sünden. Viele Ritter brennen aber einfach nur darauf, mal in den Kampf ziehen zu dürfen – hängen doch ihre Rüstung, ihr Kettenhemd und ihr Schwert schon lange unnütz in den Gemächern ihrer Burgen oder Schlösser herum. Andere, die jüngeren Söhne des Adels zumal, die nicht erbberechtigt sind, sehen nun endlich die Chance, sich in der Ferne eigene Länder zu erobern.

Ritter und Edelleute haben genug Geld, um sich die Teilnahme an einem Kreuzzug leisten zu können. Anders ist es bei den einfachen Bauern. Oft werden sie von ihren Lehnsherren dazu gedrängt, oder sie schließen sich einfach an, weil sie zu Hause schlicht

Diese Gruppe stellt Kreuzritter auf einem Mittelalterfest dar.

ohne Arbeit oder verarmt sind oder ihre Familien zu groß sind, um von dem biss-chen Ernteertrag satt werden zu können. Es gibt kein Geld für die Reise. Jeder muss selbst sehen, wie er nach Vorderasien ins Heilige Land kommt. Nicht wenige verschulden sich dafür.

Kampfbereiter Ritter

## Pilgerfahrt und Ritterkämpfe

Immer mehr Gläubige nehmen den Pilgerstab in die Hand und heften sich das Kreuz an: Aus Frankreich gelangen die Kreuzfahrer als Erstes ins Rheinland, wo die angriffslustigen Ritter auf die ersten „Feinde Jesu" stoßen; denn es waren Juden gewesen, die ihren Herrn Jesus kreuzigen ließen. Aufgewühlt durch die Rede des Papstes wüten die Ritter grausam unter den seit Langem ansässigen jüdischen Gemeinden, die viele Tote zu beklagen haben.

Sehr verschieden sind die Gruppen oder Haufen, die auf unterschiedlichen Routen durch das Land ziehen. Manch nobler Herr reist in der Sänfte, der kleine Mann zu Fuß. Oder im Schiff, erst mal die Donau hinab und dann irgendwie weiter. Andere reisen durch ganz Italien und schiffen sich dann nach Griechenland ein.

Schließlich treffen sich alle in Byzanz, wo der Weg über die Meeresenge nach Asien kurz ist. Hier aber spielen die machtpolitischen Hintergründe für den Aufruf des Papstes eine Rolle. Gern hat Papst Urban zwar den Hilferuf des Kaisers Alexeios aufgegriffen und bietet den **orthodoxen** Christen von Byzanz seine Hilfe gegen die Muslime an. Aber insgeheim will er das ortho-

### Wissen *spezial*

**Was bedeutet „orthodox"?**
Das heißt rechtgläubig. Im Römischen Reich waren noch alle Christen vereint. Nach der Teilung des Reiches entwickelten sich auch die unterschiedlichen Arten der Verehrung auseinander. Die orthodoxen Christen unter dem oströmischen Kaiser und die römisch-katholischen Christen unter dem Papst bildeten zwei Hauptrichtungen.

Szene mit Bauern aus dem Film „Die Kreuzritter"

Kreuzritter greifen
geschlossen an
(Filmszene).

doxe Byzanz für die römisch-katholische Kirche sichern. Die Byzantiner ahnen bereits, was ihnen blüht, und geben den Kreuzfahrern großzügig freies Geleit um ihre Stadt, die verschont bleibt. Die Angriffslustigen und Landhungrigen unter den Rittern suchen neue Ziele. Sie erobern Edessa und Antiochia und gründen dort neue Grafschaften mit mächtigen Burgen, die **Kreuzfahrerstaaten**. Ihnen ist die eigene Herrschaft wichtiger als die Pilgerreise zum Heiligen Grab. Die meisten Kreuzfahrer ziehen jedoch weiter.

## Wissen spezial

**Kreuzfahrerstaaten**

Nach dem ersten Kreuzzug entstanden das Königreich Jerusalem, die Grafschaften Edessa und Tripolis sowie das Fürstentum Antiochia. Das Königreich Armenien und die Herrschaft Zypern kamen später hinzu. Armenien konnte sich als einziges Land bis ins 20. Jahrhundert halten.

## Endlich am Ziel

1098, nach drei Reisejahren, stehen die Kreuzfahrer vor den Mauern Jerusalems. Die Muslime hatten längst Wind bekommen von der nahenden Ankunft der Christen. Deshalb hatten sie die Brunnen vergiftet und die Äcker unbrauchbar gemacht, bevor sie sich hinter ihre Stadtmauern zurückzogen. Die Kreuzfahrer müssen sich nun Essen und Trinken von weit her holen. Auch das Holz für die Belagerungstürme, die die Zimmerleute monatelang im Verborgenen aufbauen, wird vom emsigen Fußvolk aus der Küstengegend herbeigeschafft.

Am 15. Juli 1099 ist es so weit. Um die Mittagszeit werden die Belagerungstürme an die Stadtmauern herangerollt. Drei, vier Stockwerke sind sie hoch, sodass man von oben über die Wehrbauten eindringen kann. Das ist gefährlich. Denn von den Zinnen der Stadtmauer wirft man ihnen brennende Flüssigkeiten entgegen, das „griechische Feuer".

Die Kreuzritter um den französischen Herzog Gottfried von Bouillon schaffen es, Jerusalem einzunehmen. Sie metzeln viele Bewohner gnadenlos nieder; nehmen blutig Rache, aber keiner weiß mehr genau, wofür. Sie berufen sich auf den Auftrag des Papstes und auf Gott und kämpfen erbarmungslos um die Rettung des Heiligen Grabes.

Bei alledem ist es eigentlich ein kleines Wunder, dass Juden, Christen und Muslime nach der Eroberung der

Ein Helm aus Metall und eine Kettenhaube schützten Kopf und Gesicht.

Heftiger Kampf an der Stadtmauer von Jerusalem

Tempelritter waren Anhänger des Tempelordens, der während der Kreuzzüge gegründet wurde.

Stadt erneut weitgehend friedlich in **Jerusalem** zusammenleben, als wäre nichts geschehen.

Die meisten Kreuzritter ziehen nach ihrem Sieg wieder in die Heimat, aber die Mehrheit ist im Kampf gefallen oder auf der Reise gestorben. Manch ein Abenteurer beginnt nun zwischen Morgenland und Abendland ein neues Leben, mit neuem Beruf, neuer Familie, womöglich auch mit neuer Religion. Andere, die dafür sorgen wollen, dass das Christentum im Vorderen Orient dauerhaften Bestand hat, bleiben als Händler, Bauern oder Handwerker bei Gottfried von Bouillon im Königreich Jerusalem. Manche schließen sich zu **Ritterorden** zusammen, die Hospize betreiben – eine Mischung aus Gast-

**Thema** Jerusalem, heilige Stadt für drei Religionen

*Jerusalem ist die Stadt, in der Juden, Christen und Muslime Wurzeln haben. Die Juden hatten dort bis zur Zerstörung durch die Römer im Jahr 71 n. Chr. ihren Tempel. Der einzige Überrest davon ist die westliche Stützmauer, der wichtigste Gebetsort für Juden aus aller Welt. Auf dem Tempel-*

*gelände stehen der muslimische Felsendom und die Al-Aksa-Moschee. Zehn Gehminuten davon entfernt errichteten die Christen über der angeblichen Grabstätte von Jesus eine Kirche, die Grabeskirche mit dem Grab Jesu und Golgatha, dem Fels, auf dem Jesus wahrscheinlich gekreuzigt wurde.*

Der mögliche Zweikampf zwischen Sultan Saladin und Richard Löwenherz als Buchmalerei

stätte, Übernachtungsheim und Krankenhaus für Pilger. Dem ersten Kreuzzug folgen sechs weitere. Auf beiden Seiten ziehen berühmte Männer, auch große Herrscher, in den Krieg. Aufseiten der Christen zum Beispiel die deutschen Kaiser Konrad III. im zweiten und Friedrich Barbarossa im dritten Kreuzzug. Der bekannteste Heerführer und Herrscher auf muslimischer Seite ist Sultan Saladin (etwa 1137–1193). Sein Gegner ist Richard Löwenherz, König von England und Anführer des Dritten Kreuzzuges. Saladin erobert 1187 das Königreich Jerusalem zurück und bietet den Christen ein Kopfgeld an. Er verhält sich also deutlich fairer als die Christen bei der Eroberung 88 Jahre zuvor. Letztlich scheitern die Kreuzzüge. Der Nahe Osten bleibt über viele Jahrhunderte unter muslimischer Herrschaft – aber im Osmanischen Reich können Christen und Juden leben und ihren Glauben ausüben.

**Wissen** *spezial*

**Was ist ein Ritterorden?**
Ein Orden ist eine christliche Lebensgemeinschaft. Tempelritter, Johanniter, Deutscher Orden und Hospitalorden sind die bekanntesten Ritterorden. Kreuzritter, die einem Orden beitraten, legten ein Gelübde ab. Sie versprachen, bescheiden, keusch und gehorsam zu leben und sich ganz für den Schutz der Pilger einzusetzen – als Krankenpfleger und mit Waffen.

Statue eines Tempelritters mit Schild

# Marco Polo in China

*Staunender Blick auf eine fremde Welt*

*1295 in Venedig*

„Guter Freund, Ihr wollt nicht behaupten, dass Ihr bei den Tartaren wart, bei den mongolischen Reiterhorden aus der anderen Welt, die unser Land immer wieder verheeren."

„Ob Ihr es glaubt oder nicht, ich war beim Großkhan der Mongolen. Er ist der Kaiser von Cathay. Ich sah, was keiner vor mir sah. Weit im Osten, viele Hundert Tagesreisen, hinter dem Meer, hinter der Wüste, hinter dem höchsten Gebirge und noch mal hinter Wüsten. Und dort, so glaube mir, gebietet der Khan über ein unvorstellbares Reich. Mit prachtvollen Städten voll goldverzierter Häuser. Voll wundersamer Erfindungen, voll Wohlstand, eilfertiger Büttel und Beamter, die des Kaisers Staat in Ordnung halten. Sein oberster Adlatus, der durfte ich sein, durch sein Gebiet reisen. Ich habe viel zu erzählen."

*Ein Venezianer im Gespräch mit Marco Polo*

Marco Polo (1254–1324) hat wirklich viel zu erzählen und lässt es aufschreiben. Sein „Buch von den Wundern der Welt" wird viel gelesen. Mehr als 80 Abschriften, dazu noch mehrere Übersetzungen und 200 Jahre später unzählige gedruckte Ausgaben stillen den Wissensdurst der gelehrten, seefahrenden oder einfach lesenden Europäer. Denn vor Marco Polos Reisebericht weiß man in Europa nur Ungenaues von Cathay, wie man das heutige China damals nannte. Eine lange Straße führt dorthin, die längste der Welt, die Seidenstraße. Sie führt nicht nur nach China, sondern auch zum Land der Mongolen, jenes Volks

Marco Polo auf Reisen

von Reiternomaden, das Europa immer wieder mal in Angst und Schrecken versetzt, blutige Kriege führt und Verwüstungen anrichtet.

## Wie kommt Marco Polo nach China?

Handelsleuten, wie der Juweliersfamilie Polo aus Venedig, ist die **Seidenstraße** ein Begriff. Die Republik Venedig ist im 13. Jahrhundert nicht nur eine große Handels- und Hafenstadt, sondern sie beherrscht auch die illyrische Küste, die griechischen Inseln und die Zufahrt zum Schwarzen und zum Kaspischen Meer und kennt damit auch die Zugänge zur Seidenstraße. Schon seit Beginn unserer Zeitrechnung gelangen Waren über diese Karawanenstraße aus China nach Europa: Seide und Gewürze reisen

74

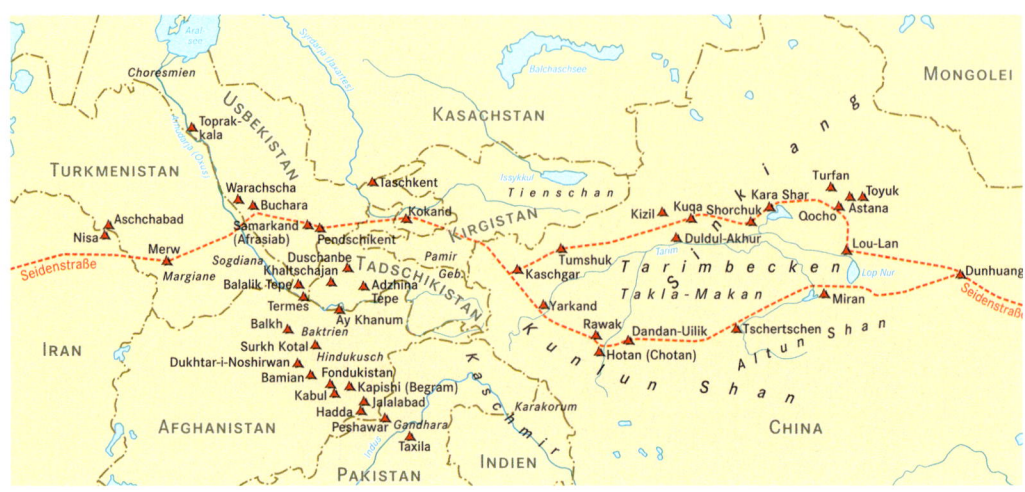

von Ost nach West, Gold und andere edle Metalle in die Gegenrichtung. Die Fracht wechselt oft den Besitzer und der Zwischenhandel blüht. Niemand reist, wie Marco Polo, sein Vater und sein Onkel es taten, selbst über die gesamte Entfernung der Seidenstraße. Niemand weiß, wie es am anderen Ende aussieht. Bruchstücke fantastischer Erzählungen erlauben in Europa ein märchenhaftes, aber kein wirkliches Bild von China, vom mongolischen Khan oder vom Kaiser von China.

Rechts: ein Abakus,
Rechenmaschine

Diese Buchmalerei zeigt
Marco Polo beim Khan.

Wer kann sich damals in Europa schon vorstellen, dass am Ende der Welt ein großes Reich liegt, das in der Technik, der Landwirtschaft und der Wissenschaft dem Abendland ebenbürtig und in manchen Dingen sogar voraus ist? Porzellan, Papier, ja sogar Papiergeld und das Bank- und Kreditwesen, der Kompass, eine primitive Rechenmaschine

Seidenherstellung
im alten China

und das Schießpulver, mit dem man kleine Raketen in den Himmel schießt, sind dort längst bekannt. Dieses sind alles Dinge, die zur Zeit des Marco Polo in Mitteleuropa noch fremd sind.

### Eine Armee aus Terrakotta

Auch in China entwickeln sich frühe Hochkulturen entlang einem großen Fluss: dem Jangtsekiang, etwa 2000 v. Chr., später auch am Gelben Fluss. Auch die chinesischen Schriftzeichen gehen auf das 2. Jahrtausend v. Chr. zurück. Seitdem hat sich die nunmehr 4000 Jahre alte Schrift entwickelt und viele Zeichen kamen hinzu. Ende des 3. Jahrhunderts v. Chr. regiert die erste Dynastie von Kaisern: die Qin, oder auch Ch'in, von denen sich der Name China herleitet. Der erste ihrer Herrscher ist bereits so mächtig und reich, dass er in einer riesigen unterirdischen Anlage beigesetzt wird, mit einer Grabbeigabe aus 3000 lebensgroßen Statuen von Soldaten aus Ton, dem sogenannten Terrakotta. 1974 stoßen Bauern zufällig

**Wissen** *spezial*

**Was bedeutet „Khan"?**
Khan ist das mongolische Wort für Kaiser, das die Mongolen zunächst nur für die Herrscher des chinesischen Nachbarlandes verwendeten. Als die mongolischen Völker sich zu einem Reich zusammenschlossen, ernannte ihr Fürstenrat den Herrscher Temüdschin zum Dschingis Khan.

Terrakottaarmee: lebensgroße Krieger aus der Grabanlage des ersten chinesischen Kaisers Qin Shi Huangdi.

auf die Gruppe, als sie einen Brunnen bauen wollen. Seit dieser ersten Dynastie sind Aufzeichnungen zur Geschichte Chinas erhalten. Seitdem haben die Chinesen auch eine ausgeklügelte Landwirtschaft mit Terrassenanbau, Bewässerungssystemen und mechanischen Pumpen, ein gutes Verkehrssystem mit Straßen und Kanälen, einheitliche Maße, Gewichte und Schriftzeichen.

## Das Reitervolk aus dem Norden

Das blühende Kaiserreich wird immer wieder von kriegerischen Nomadenstämmen aus dem Norden bedroht. Deshalb bauen die Chinesen dort eine riesige burgartig befestigte **Mauer**. Unüberwindbar ist sie allerdings nicht. Denn das nördliche China hat trotzdem mit einfallenden Stämmen aus dem Norden zu tun, besonders mit den Mongolen. Sie dringen im 13. Jahrhundert n. Chr. weit über die Mauer hinaus nach Süden vor. Kublai Khan (1215–1294), als Mongolenführer ein Nachfahre des legendären Dschingis Khan, erobert Peking und wird schließlich Kaiser von China.

Dies ist die Zeit, als Marco Polo zusammen mit seinem Vater und seinem Onkel in China ankommt. Tausende von Kilometern hat er zurückgelegt, Han-

**Wissen** *spezial*

**Wie lang ist die chinesische Mauer?**

Die „Große Mauer" erstreckt sich über mehr als 6400 Kilometer an der Nordgrenze Chinas von Osten nach Westen. Sie ist sehr breit und höher als die Bäume. Die ersten Bauwerke entstanden bereits 221 bis 210 v. Chr. Danach wurden immer mehr Stücke dazugebaut, bis sie im 14. Jahrhundert n. Chr. vollendet wurde.

delsplätze gesehen, Wüsten und Gebirge überquert und das riesige Mongolenreich durchzogen bis nach Peking. Er ist fasziniert von dem Kult und Aufwand um den Kaiser: „Die Leibwache des Großkhans besteht aus 12.000 Reitern", heißt es in seinem Reisebericht. „Der Großkhan hat sich aber nicht etwa aus Furcht mit dieser Wache umgeben, sondern nur, weil sie der Würde seiner Stellung ent-

Die Mongolen eroberten unter Dschingis Khan weite Teile Chinas.

spricht." Von der Pracht am Hofe bekommt man eine Ahnung, wenn man weiter liest: „Der Kaiser legt an seinem Geburtstag ein überaus kostbares golddurchwirktes Gewand an, und bei dieser Gelegenheit werden 20.000 Fürsten, Edle und Oberhauptleute von ihm mit Gewändern bekleidet, die dem seinen in Farbe und Form ähnlich sind."

Solche Behauptungen lassen Zweifel aufkommen, ob Marco Polo überhaupt in China, beim Khan, war. Kann man seinem Bericht nun glauben oder nicht? Die große Mauer zum Beispiel muss er auf seiner Reise gesehen haben. Aber er erwähnt sie mit keinem einzigen Wort. Auch die ansonsten sehr genauen chinesischen Geschichtsschreiber erwähnen die Anwesenheit Marco Polos am Hof des Khans nicht. Trotzdem weckt dieser Reisebericht das Interesse der Europäer für den Fernen Osten.

Pu Yi war der letzte Kaiser von China; hier eine Filmszene aus gleichnamigem Kinofilm.

## Unter der Herrschaft der Mongolen

Die Familie Polo erlebt eher die Ausnahme als die Regel der etwa 4000-jährigen Geschichte Chinas. Gut 100 Jahre regieren die mongolischen Khane als Yuan-**Dynastie** das unterlegene chinesische Reich und profitieren von der chinesischen Kultur und Industrie- und Handwerksproduktion. Sie knüpfen, mehr als die chinesischen Dynastien davor und danach, von diesem Land aus ihr weitverzweigtes Beziehungsnetz in andere Länder weiter und unterhalten Gesandtschaften und Handelsbeziehungen. Mit weiteren, teils grausamen Eroberungen bekommt der mongolische Machtbereich in Asien und Europa eine Ausdehnung, wie sie weder vorher noch hinterher irgendein anderes Land auf Erden erreicht hat oder erreichen wird.

### Wissen *spezial*

**Was ist eine Dynastie?**
Eine Herrscherfamilie; meist wurde der erste Sohn der nächste Kaiser. Wie lange eine Familie an der Macht blieb, war sehr unterschiedlich; in China bis zu 300 Jahren.

Im Jahr 1368 verbünden sich die Bauern und die Oberschicht Südchinas in Aufständen und befreien China von den Mongolen. Dies ist der Beginn der Ming-Dynastie, die mit fast 300 Jahren zu den dauerhaftesten gehörte und die Entfaltung einer blühenden Kultur erlaubte. Die Ming-Zeit ist in Europa berühmt für das feine **Porzellan**, das in Manufakturen hergestellt wird. Nicht zuletzt wegen seiner Abschottung nach außen hält sich das chinesische Kaiserreich noch bis zum Anfang des 20. Jahrhunderts. Nach über 2300 Jahren tritt 1911 der letzte Kaiser ab.

Das Opiumrauchen war in China weit verbreitet – bis 1911 die Gesetze verschärft wurden.

| Thema | Das weiße Gold – feines weißes Porzellan |

*D*ie Porzellanherstellung war etwa 700 Jahre lang ein gut gehütetes Geheimnis, bis Marco Polo das feine, weiße Geschirr in Europa bekannt machte. Im 14. Jahrhundert erhielt Porzellan im „Reich der Mitte" einen neuen qualitativen Aufschwung. Die Glasuren, das Dekor und die Malerei verfeinerten sich. Motive mit Drachen, Fischen und Pflanzen zieren jetzt die Porzellanteile. Fantasievolle Muster in Blau werden sehr beliebt. Das wichtige Kobaltblau importieren die Chinesen aus dem Zweistromland. In der Ming-Zeit erreicht das Porzellan seine höchste Vollkommenheit in Dekor und Formenreichtum, in Schiffsladungen wurde das wertvolle Gut nach Europa exportiert.

# Der lange Weg nach Westen

*Kolumbus auf der Suche nach den Gewürzinseln*

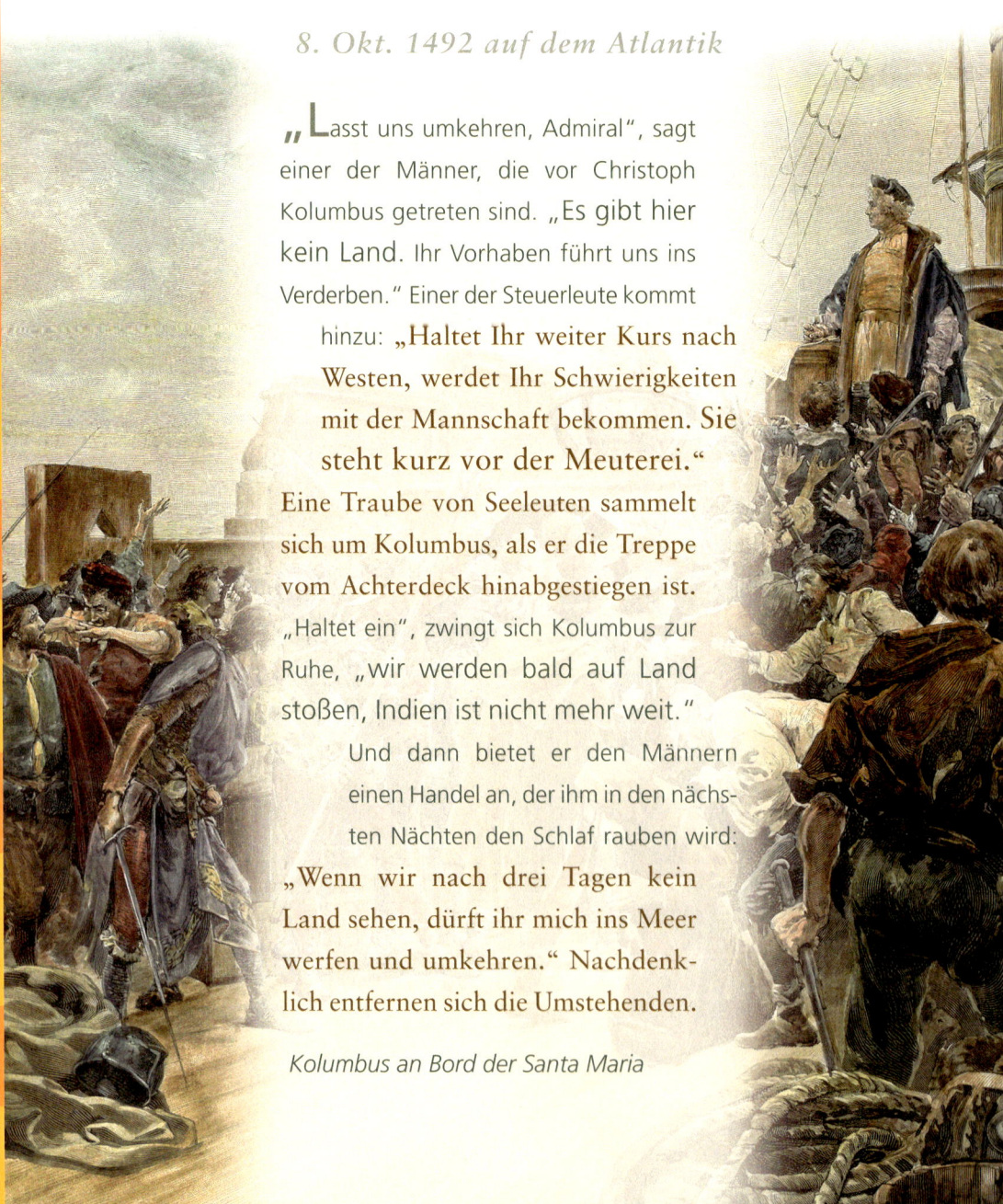

*8. Okt. 1492 auf dem Atlantik*

„Lasst uns umkehren, Admiral", sagt einer der Männer, die vor Christoph Kolumbus getreten sind. „Es gibt hier kein Land. Ihr Vorhaben führt uns ins Verderben." Einer der Steuerleute kommt hinzu: „Haltet Ihr weiter Kurs nach Westen, werdet Ihr Schwierigkeiten mit der Mannschaft bekommen. Sie steht kurz vor der Meuterei." Eine Traube von Seeleuten sammelt sich um Kolumbus, als er die Treppe vom Achterdeck hinabgestiegen ist. „Haltet ein", zwingt sich Kolumbus zur Ruhe, „wir werden bald auf Land stoßen, Indien ist nicht mehr weit." Und dann bietet er den Männern einen Handel an, der ihm in den nächsten Nächten den Schlaf rauben wird: „Wenn wir nach drei Tagen kein Land sehen, dürft ihr mich ins Meer werfen und umkehren." Nachdenklich entfernen sich die Umstehenden.

*Kolumbus an Bord der Santa Maria*

 Rund fünf Wochen sind die drei Segelschiffe von Kolumbus' Flotte nun schon unterwegs in den unbekannten Weiten des Atlantiks, immer nur nach Westen. Und die Seeleute sehen kein Land. Sie haben Angst, von Ungeheuern verschluckt zu werden oder einfach nur hinabzufallen ins Nichts, am Ende des Meeres. Viele Tausend Meilen von ihrer Heimat Spanien entfernt.

Christoph Kolumbus

Doch drei Tage nach jenem Streit an Bord der Santa Maria, am 11. Oktober des Jahres 1492, erlebt Kolumbus (1451–1506) an Bord den entscheidenden Moment der Reise. „Als ich um 10.00 Uhr nachts auf dem Heckaufbau stand, vermeinte ich, in westlicher Richtung ein Licht bemerkt zu haben", schreibt er später in sein Tagebuch. „Es hatte den Anschein, als bewege sich eine kleine Wachskerze auf und nieder."

„San Salvador" nennt er am 12. Oktober 1492 die Insel, auf der er am Vorabend das Licht sah. „Im Morgengrauen", so schreibt er später, „begab ich mich bewaffnet in einem Boot des Schiffes an Land. Ich entfaltete das königliche Banner." Damit nimmt Kolumbus die Insel förmlich in Besitz, stellvertretend für die spanische Krone, obwohl auf „San Salvador" bereits viele Menschen wohnen. „Sie waren nackt. Und sie tauschten mit uns und gaben uns aus Wohlwollen alles, was sie besaßen."

Seeleute auf der Santa Maria zetteln eine Meuterei an.

„Dieser Moment wird die Welt verändern und den Europäern endlich beweisen, dass auf der anderen, der

Gewürze auf einem Basar

Kolumbus' Flotte bestand aus drei Schiffen: Santa Maria, Pinta und Nina.

westlichen Seite des Atlantiks Land existiert", denkt Kolumbus. Er glaubt, er sei in Asien angekommen. Denn das war sein eigentliches Ziel: Von Europa aus über den westlichen Seeweg, halb um die Welt, zum Fernen Osten zu gelangen, eben nach Asien. In Wahrheit ist er in **Amerika**, in der karibischen Inselwelt. Doch davon hat er keine Ahnung.

## Der mühsame Weg zum Erfolg

Endlich sieht Kolumbus sich am Ziel. Viele Jahre hatte er, der Italiener von Geburt, auf diesen Erfolg hingearbeitet: Zunächst bemühte er sich beim König von Portugal um Unterstützung für seinen Plan. Er wollte den Zugang zu den Schätzen des Fernen Ostens sichern, Seide und Gold aus China, Gewürze von den sagenhaften Gewürzinseln in Südostasien. Alle diese Waren sind bisher über Zwischenhändler aus dem Orient gekommen, niemand wusste genau, woher. Mit den Kostbarkeiten verdienten die Händler viel Geld. Seit dem 14. Jahrhundert aber dehnte sich das Osmanische Reich immer weiter über Arabien und Nordafrika aus, verhinderte den Warenverkehr oder verlangte hohe Zölle, sodass die Handelswaren viel teurer wurden.

So kam Kolumbus auf die Idee, andersherum um den Globus zu segeln. Sein Reisevorhaben musste die europäischen Königshäuser interessieren. Beim portugiesischen König fand er jedoch keine Hilfe. Denn Portugal strebte eine andere Ausweichroute an: den Seeweg um Afrika herum in den Indischen Ozean, um von dort erst nach Indien, dann nach China und schließlich zu den Gewürzinseln zu gelangen.

Als Nächstes suchte Kolumbus in seiner Heimatstadt Genua, einer mächtigen Handelsstadt in Norditalien, nach Unterstützung für seine Westroute. Doch niemand dort hatte Geld oder Lust, so ein Abenteuer zu finanzieren. Die Stadt unterhielt Handelsbeziehungen zur Nordseeküste. Zur Zeit des Kolumbus erstreckt sich die Republik Genua auf einem Küstenstreifen, der fast von Nizza bis Pisa reicht.

Seine letzte Hoffnung war Spanien. Neider, geizige Hofkämmerer, aber auch Wissenschaftler verhinderten zunächst, dass das spanische Herrscherpaar dem Fremden, dem Genueser, diese Reise mit einem so unsiche-

## Wissen *spezial*

### Wieso Amerika?

Das Wort „Amerika" tauchte zum ersten Mal ein Jahr nach Kolumbus' Tod auf, im Jahr 1507 – auf einer Weltkarte. Der Namensgeber, der Italiener Amerigo Vespucci, hatte in einem Brief aus der Neuen Welt in seine Heimat geschrieben, dass er sich wohl nicht in Asien, sondern in einem anderen Erdteil befinden würde.

Historische Segelschiffe bei einer Regatta

Kolumbus tritt vor
seine Gönner.

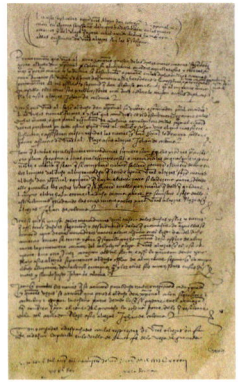

Der Vertrag zwischen
dem spanischen Königs-
haus und Kolumbus

ren Ausgang finanzierte. Königin Isabella signalisierte
schließlich Zustimmung, sagte endlich die Unterstützung
zu, die Kolumbus für seine weite Fahrt benötigte. Er sollte für die spanische Krone jenseits des Atlantiks Land
erobern. Dafür wurde ihm gestattet, als „Vizekönig" die
neuen Länder zu regieren und ein Zehntel der dort erziel-
ten Einnahmen für sich zu behalten. Am 3. August 1492
ist endlich der Zeitpunkt der Abreise da. Die drei Schiffe
von Kolumbus, die Santa María, die Pinta und die Niña
stechen in See. Erst laufen sie die Kanarischen Inseln an,
dann verschwinden sie in den unbekannten Weiten des
Atlantischen Ozeans, bis sie sechs Wochen später in der
Karibik landen.

Mumienmaske
aus Gold

Nach „San Salvador" besucht und erkundet Kolumbus noch einige weitere Inseln. Fremdartig kommen ihm die Menschen vor. Keiner spricht auch nur im Entferntesten so, wie er und seine Dolmetscher dies eigentlich von Asiaten erwartet hatten. Kolumbus zeichnet Karten und erkundigt sich immer wieder nach den Orten, wo die Gewürze und das Gold Ostasiens herkommen, vergebens. Schließlich segelt er heim. Es ist eine stürmische Überfahrt, bei der er und seine Männer fast umkommen. In seiner Heimat wird ihm ein triumphaler Empfang bereitet.

### Beutezüge für die Königshäuser

Die Seefahrer nach Kolumbus entdecken in Amerika immense **Schätze** in entwickelten Kulturen, die völlig unabhängig von Europa und Asien entstanden waren, darunter die Inka, die Maya und die Azteken. Viele Tonnen

**Wissen spezial**

**Schatzsuche**
Jahrhundertelang hielt sich das Gerücht, mitten im südamerikanischen Urwald liege ein unbekanntes Land mit unermesslichen Goldschätzen: das Land „El Dorados", des „vergoldeten" Königs. Niemand fand das Land, doch viele bezahlten die Suche mit ihrem Leben.

Stürmische Überfahrt: die Santa Maria hält Wind und Wellen stand.

86

In diesem Kloster wurde der Vertrag von Tordesillas geschlossen.

Mit königlichem Banner ausgestattet, ging Kolumbus an Land.

Schiffsladungen Gold und Silber lassen die Eroberer rauben und nach Europa transportieren.

Und was ist mit dem eigentlichen Ziel des Kolumbus, den **Gewürzinseln** in Südostasien, heute die Molukken in Indonesien? Die Suche nach ihnen geht auch nach Kolumbus' Tod weiter. Nachdem die Spanier nun Kolumbus auf die Westroute losgeschickt hatten und die Portugiesen rund um Afrika in Richtung Osten weitersuchten, festigt Papst Alexander VI. (1430–1503)

Thema   Das Ei des Kolumbus

*Bei einem der Festessen nach der Rückkehr des Kolumbus machten seine Neider geringschätzig geltend: Das hätte jeder gute Seemann leisten können. Kolumbus antwortete mit seinem „Ei des Kolumbus". Er forderte die Umsitzenden auf, ein Ei hochkant auf den Tisch zu stellen.*

*Keinem gelang es. Da nahm Kolumbus ein Ei, schlug es an der Spitze leicht auf – und es stand. Man muss eben auf die ausgefallene Idee kommen und sie dann auch umsetzen, wollte er damit sagen. Und man braucht dafür ein hartgekochtes Ei.*

im Vertrag von Tordesillas diese Aufteilung der Welt: Die Spanier sollen fortan quasi nur noch linksherum um den Globus vordringen, die Portugiesen nur noch rechtsherum. Eine Linie von Nord nach Süd mitten im Atlantik markiert die Grenze. Wo aber würden am anderen Ende der Welt der spanische Westen und der portugiesische Osten zusammenstoßen? Das ist zunächst die Frage. Man hätte die Linie von Tordesillas einfach auf der anderen Seite fortführen können. Sie wäre – zufällig – genau mitten durch den Archipel der Gewürzinseln verlaufen. Und genau an der Stelle treffen – ebenfalls zufällig – die Portugiesen und die Spanier auch wieder aufeinander, im Jahre 1521; die Portugiesen als Erste von der einen, die Spanier etwas später von der anderen Seite. Die Welt ist endlich umfahren, vor fast 500 Jahren zum ersten Mal. Danach waren vorerst die katholischen Länder Spanien und Portugal die großen Weltmächte. Im 17. und 18. Jahrhundert wurden sie von den protestantischen Staaten Niederlande und Großbritannien abgelöst.

Dieses Kolumbusdenkmal in Barcelona wird „Land in Sicht" genannt.

# „Hier **stehe ich**"

*Martin Luther und die Reformation*

*Am Abend des 4. Mai 1521*

„Haltet an, wenn Euch Euer Leben lieb ist!"

Der Angesprochene bringt sein Pferd zum Stehen. „Was wollt ihr von mir? Schickt euch der Papst? Will er mich auf den Scheiterhaufen werfen, wie Jan Hus vor mir?" Mehrere Männer, ebenfalls hoch zu Ross, bedrängen den einsamen Reiter. „Euer Weg ist zu Ende, Ihr kommt mit uns."

„Zu Hilfe!", schreit der Mann, „seht dort die Lichter von Schloss Altenstein, man wird euch verfolgen."

„Still, Martin Luther", zischt der Anführer der Bande und flüstert: „ Ihr sollt keinen Schaden nehmen, wenn Ihr mitkommt. Bedenkt: Ihr seid vogelfrei, jeder Untertan des Kaisers darf Euch töten."

„Was aber habt ihr mit mir vor?"

„Wir entführen Euch, aber nur zum Schein. Und zu Eurem Schutz. Kurfürst Friedrich schickt uns."

*Untertanen von Kurfürst Friedrich und Martin Luther*

 Kurfürst Friedrich „der Weise" von Sachsen (1463–1525) hat eine Handvoll Männer beauftragt, dem Mönch Martin Luther (1483–1546) im Thüringer Wald aufzulauern. Sie bringen ihn auf die nahe Wartburg. Denn Luther ist in Lebensgefahr. Er hat sich mit den mächtigsten Männern der damaligen Zeit angelegt: mit dem Papst und dem Kaiser. Er stellt ihre Allmacht infrage. Deshalb wird er verfolgt, und Friedrich der Weise will ihn schützen. Denn auch der Fürst von Sachsen ist, wie viele Landesherren zur damaligen Zeit, kritisch eingestellt gegenüber Kaiser und Papst.

Martin Luther gemalt von Lucas Cranach dem Älteren

## Wer ist dieser Martin Luther?

In Eisleben südlich des Harzgebirges wurde er 1483 geboren, als Sohn eines Bergbaufachmanns. Eigentlich hatte er Philosophie studiert und sich gerade auch noch den Rechtswissenschaften zugewandt, als er eines Tages im Jahre 1505 auf freiem Feld von einem schweren Gewitter überrascht wird. In seiner Todesangst legt er einen Schwur ab: Wenn er das Gewitter überlebe, so ruft er zum Himmel hinauf, wolle er Mönch werden.

Die „Lutherrose" wählte Luther als Wappen.

Das Gewitter verschont ihn, und tatsächlich, nur zwei Wochen später wird er gegen den anfänglichen Widerstand seines Vaters Mönch – ein Entschluss, der wenige Jahre später schon die Welt Europas verändern sollte.

Doch das ahnt keiner an jenem 17. Juli 1505, als Luther das Kloster des Augustinerordens in Erfurt betritt. Er selbst am allerwenigsten, denn er will etwas anderes.

Luther als Mönch; Szene aus dem Kinofilm „Luther"

## „Wenn das Geld im Kasten klingt, die Seele aus dem Fegefeuer springt."

1507 wird Martin Luther zum Priester geweiht, und seit er selbst die heilige Messe feiert, beschäftigt ihn die Frage: Wie erreiche ich sündiger Mensch die Befreiung von meiner Schuld? Wie finde ich zu Gott? Ihn ärgert, dass Sünder sich damals aus Angst vor der Strafe Gottes und dem Höllenfeuer einfach von ihrer Schuld loskaufen konnten – mit einem Ablassbrief. Stattdessen solle man seine Schuld bereuen und um Vergebung bitten, so stehe es auch in der Bibel. Als Priester will Luther nicht hinnehmen, dass die Kirche regelrechte Ablasshändler durchs Land schickt. Einer, Johann Tetzel (1465–1519), verkauft sogar Ablassbriefe, die schon Sünden im Voraus vergeben können. In Rom lässt der Papst gerade seine große Kirche, den Petersdom, in ungeahnter Pracht neu errichten. Dafür benötigt er die Taler, die der Ablasshandel der Kirche einbringt.

Eng beschriebener
Ablassbrief mit Siegel

Johannes Tetzel trieb
lebhaften Handel mit
Ablassbriefen.

Händler verkaufen
Ablassbriefe an reuige
Sünder.

Luther soll seine Thesen an die Tür der Schloss-kirche in Wittenberg geschlagen haben.

**Ketzerei und Ketzer**

Als Ketzer wurden alle bezeichnet, die von der Lehre der katholischen Kirche abwichen. Jan Hus aus Böhmen, der 100 Jahre vorher Kritik an der kirch-lichen Praxis geübt hatte, war der berühmteste Ketzer. Er starb den Flam-mentod auf dem Scheiterhaufen.

Das Handeln der Kirche steht also gegen das Wort der Bibel. Deshalb will Luther die Kirche reformieren. „Re" heißt so viel wie „zurück": wieder zurückformen zum Ursprung. Luther will, dass wieder gilt: durch Glaube und Gebet zu Gott finden, nicht nur durch Ablasszahlung. Und er macht Ernst. Er verfasst ein Schriftstück mit 95 Thesen, sogenann-ten Lehrsätzen, die er an den Erzbischof von Mainz schickt und am 31. Oktober 1517 an das Portal der Schlosskirche in Wittenberg heftet, um die Gelehrten zu einer Disputation, einem Streitgespräch, herauszufordern. Die Kirche gerät in Aufruhr. Der Papst und die Kardinäle klagen Luther der Ketzerei an – damals ein schwerwiegender Vorwurf.

Auf dem Reichstag zu
Augsburg verteidigte
Luther seine Thesen
(Filmszene aus „Luther").

Luther wird nach Rom vorgeladen, zum Papst. Doch sein
Fürsprecher, Kurfürst Friedrich der Weise, erreicht, dass er
sich stattdessen vor dem Reichstag, der Versammlung der
Fürsten, Grafen und des Kaisers, erklären kann, erst in
Augsburg, dann noch einmal in Worms.

Papst Leo X. (1475–1521) erlässt eine „**Bannbulle**",
droht die Verbannung Luthers aus der Kirche an
und verdammt seine Thesen. 60 Tage gibt man ihm
Zeit, seine Thesen zu widerrufen und der Kirche
recht zu geben. Doch Luther bleibt dabei: „Hier
stehe ich und kann nicht anders", soll er vor dem
Reichstag gesagt haben. Er verbrennt zusammen
mit seinen Wittenberger Freunden die päpstliche
Bulle und Bücher des Kirchen-
rechts. Durch seine Unbeug-
samkeit läuft er letztlich sogar Gefahr, auf dem Scheiterhaufen zu enden. Deshalb will
Friedrich der Weise Luther
schützen und bietet ihm nach
dem gespielten Überfall gehei-
mes Asyl auf seiner Burg.

**Wissen** *spezial*

**Was ist eine Bannbulle?**
Eine Bulle ist eine handge-
schriebene Urkunde mit
Siegeln, meist ein Dokument
von ziemlicher Tragweite.
Die Bannbulle Papst Leos X.
verstieß in diesem Fall Martin Luther aus der Kirche. Er
durfte die heilige Messe
nicht mehr feiern und die
Sakramente nicht mehr
spenden.

**BVLLA**
Decimi Leonis, contra errores Martini
Lutheri, & sequacium.

Die Bannbulle von
Papst Leo X.

## Die Bibelübersetzung – ein folgenreicher Schritt

In nur zehn Monaten Gefangenschaft übersetzt Luther 1522 auf der **Wartburg** die **Bibel** ins Deutsche, die es bis dahin nur auf Lateinisch und Griechisch gab. Nun kann sie jeder, der die deutsche Schrift beherrscht, lesen und mit ihr argumentieren und so die Textauslegung der Priester infrage stellen.

Um 1450 gelingen in Johannes Gutenbergs (1397/1400–1468) Druckwerkstatt die ersten Buchdrucke mit beweglichen, auswechselbaren Metallstempeln. Mit dieser Technik kann man hohe Auflagen drucken. Deshalb verbreitet sich die deutsche Bibel Martin Luthers schnell und überall dort, wo man Deutsch versteht.

### Wissen spezial

**Die Wartburg**

In der deutschen Geschichte war die Wartburg oft Schauplatz wichtiger Ereignisse: 1206 trafen sich hier die Minnesänger zum Sängerwettbewerb. 1521 übersetzte Luther hier die Bibel und 1871 fand hier das Wartburgfest statt, die erste bürgerlich-deutsche Versammlung von 500 Studenten.

### Thema    Die Bibel, das Wort Gottes

*Seit der Reformation werden Texte aus der Lutherbibel vorgelesen, auswendig aufgesagt, studiert und hinterfragt. Sie besteht aus zwei Teilen, dem Alten und dem Neuen Testament. Aus dem*

*Alten Testament sind die Schöpfungsgeschichte, die Erlebnisse Abrahams und Moses und der Propheten sowie die Psalmen am bekanntesten. Im Neuen Testament schildern die vier Evangelisten, Matthäus, Markus, Lukas und Johannes, das Leben Jesu: von der Weihnachtsgeschichte über die Erlebnisse mit den Jüngern bis zu seinem Tod am Kreuz und seiner Auferstehung.*

Diese Urkunde besiegelt
den Augsburger
Religionsfrieden.

Die Nonne Katharina
von Bora lebte eine Zeit-
lang im Hause Lucas
Cranachs des Älteren,
der sie auch malte.

## Die Reformation als politische Macht

Überall im Reich schließen sich nun einfache Menschen, aber auch Priester und Fürsten Luthers
Reformbewegung an. Philipp Melanchton (1497–
1560) kommt 1518 nach Wittenberg und wird Luthers
bester Freund und Mitarbeiter. Er schreibt zusammen mit
Ulrich Zwingli (1484–1531) und Martin Bucer (1491–
1551) die Bekenntnisschrift aller Kirchenreformer, die
dem Reichstag zu Augsburg 1530 vorgelegt wird. Aber
Kaiser Karl V. (1500–1558) und seine katholischen Berater lehnen dieses Augsburger Bekenntnis ab.

Als der Kaiser jedoch auf die Unterstützung der evan-
gelischen Fürsten gegen die Türken dringend angewiesen
ist, akzeptiert er die lutherischen Fürsten im Augsburger
Religionsfrieden von 1555. Darin wird festgelegt, dass
jeder Landesherr im Heiligen Römischen Reich bestimmen
kann, ob in seinem Gebiet die katholische Religion gilt
oder die evangelisch-lutherische. Außerdem sind die lutherischen Landesfürsten als oberste Kirchenherren bestätigt.
Sie nehmen die Klöster in ihren Besitz, gründen Univer-
sitäten zur Ausbildung ihrer protestantischen Pfarrer.

Evangelische Pastoren dürfen heiraten, wie es Luther
1525 schon tut, nachdem er die ehemalige Nonne Katharina
von Bora in sein Haus aufgenommen hat. Im Gottesdienst
wird beim Abendmahl Brot und Wein gereicht, so wie es in
der Bibel von Jesus berichtet wird, während in der katholischen Messe nur Brot oder Hostien ausgeteilt werden.

Der Augsburger Religionsfrieden hat das Reich nicht
lange befriedet. Der Kaiser erkennt das evangelisch-refor-
mierte Bekenntnis Zwinglis nicht an. Die reformierten
Christen ziehen vom Deutschen Reich nach Holland, in die
Schweiz oder nach England oder wandern nach Amerika aus.

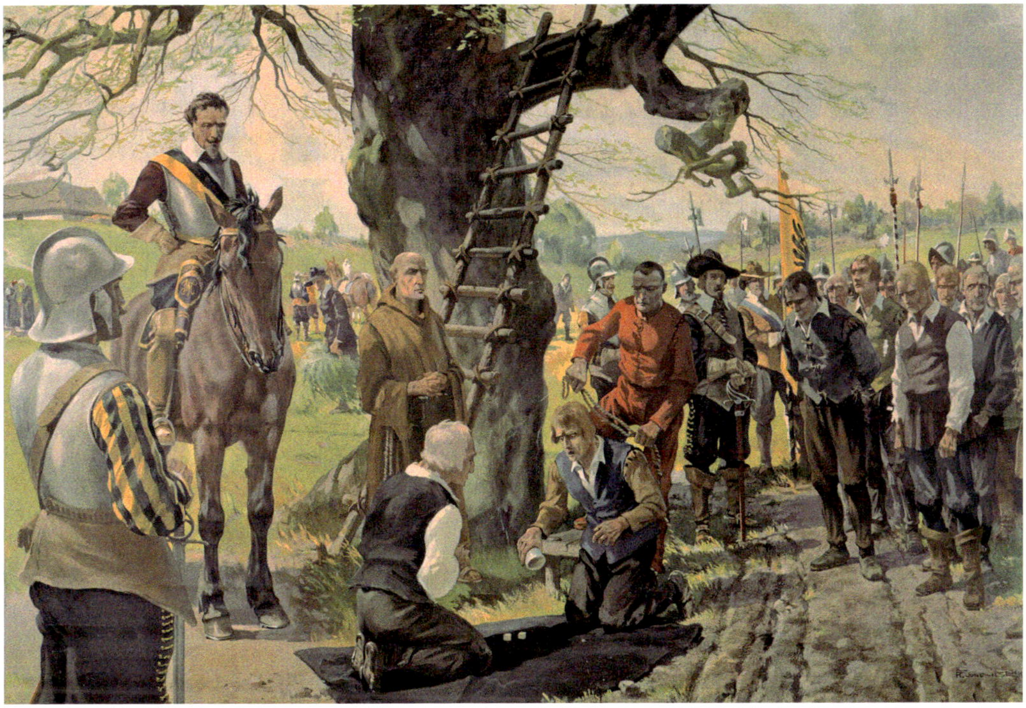

Im Krieg würfelten protestantische Bauern um ihr Leben.

1618 bricht der Dreißigjährige Krieg zwischen den katholischen, kaisertreuen und den protestantischen Fürsten aus und verwüstet das Land fürchterlich. Ganz Deutschland wird grausam verwüstet. Die Bevölkerung vermindert sich um ein Drittel. Der Krieg weitet sich zum europäischen Krieg aus und wird sogar in Nordamerika zwischen England und Frankreich geführt.

Noch heute werden evangelische Pfarrer auf das Augsburger Bekenntnis von 1530 in das geistliche Amt eingeführt. Das lutherische und das reformierte Bekenntnis, das später in Preußen akzeptiert wird, verbreiten sich, vom deutschen Kulturraum ausgehend, zuerst in Europa und später durch die Kolonien in der ganzen Welt.

Kampfschrift von Luther

Wider die Mordischen
vnd Reubischen Rotten der
Bawren.

Psalm. vij.
Seyne tück werden jn selbs treffen/
Vnd seyn mutwill/ wirdt vber jn außgeen.
1525.
Martinus Luther. Wittemberg.

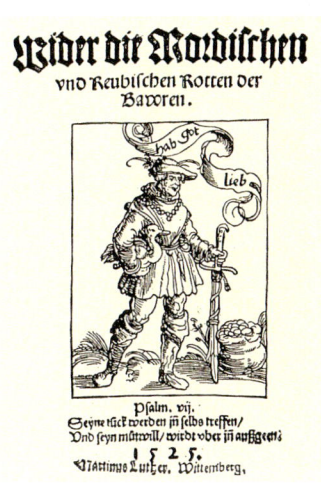

# „Der Staat **bin ich.**"

*Der absolutistische Staat unter Ludwig XIV.*

*Am Hof von Versailles, 1661*

„Meine werten Minister, bis heute hat der oberste unter Ihnen meine Regierung geleitet. Jetzt ist es an der Zeit, dass ich sie selbst in die Hand nehme, und zwar ganz allein. Ab sofort werden Sie mir nur noch dann Ratschläge geben, wenn ich es von Ihnen verlange. Könige entscheiden über das Glück und das Wohl und Wehe der Menschen, sie sind die absoluten Herren und haben die freie Verfügung über die Güter ihrer Untertanen.

Gott, der den Menschen Könige gegeben hat, will, dass man den König achte als seinen Stellvertreter. Er allein behält sich das Recht vor, ihn zu kontrollieren. Sonst niemand."

Ludwigs Mutter steht neben ihm. „Es lebe der König", sagt sie zu ihrem Sohn und den Ministern. „Es lebe der König", antworten die Minister.

*Ansprache König Ludwigs XIV. an seine Minister*

Es sind neue Töne, die dieser noch so junge Mann hier anschlägt. Ludwig XIV. (1638–1715) ist König von Frankreich, mit 22 Jahren. „L'État, c'est moi!", soll er gesagt haben: „Der Staat bin ich." Absolute, uneingeschränkte Macht will er mit dieser Rede geltend machen. Sie steht ihm als Königssohn von Geburt an zu. Auf seiner Familie ruht Gottes Gnade. Er ist der Souverän, der die Staatsmacht verkörpert. Von ihm gehen alle Impulse zur Regierung des Staates aus. Und deshalb kommt an ihm auch keiner vorbei. Er begründet das europäische Zeitalter des Absolutismus. Seine Hofhaltung wird zum Vorbild für viele europäische Fürstenhäuser.

**Wissen** *spezial*

**Was ist ein Kardinal?**

Die Kardinäle stehen zwischen dem Papst und den Erzbischöfen. Sie wählen den Papst und tragen Mitverantwortung in der Gesamtleitung der römisch-katholischen Kirche. Heute tragen sie eine schwarze, vorn geknöpfte Soutane, ein Gewand mit einer leuchtend roten, breiten Schärpe, dazu eine rote, glatte Kopfbedeckung. Kardinal Mazarin dagegen trug einen roten Mantel.

## Ludwig XIV. – ein kleiner Prinz

Schon im Alter von vier Jahren, im Jahr 1643, wird Ludwig König, weil sein Vater, König Ludwig XIII., gestorben ist. Weil er mit vier Jahren noch nicht wirklich regieren kann, verfügt seine Mutter, die aus Österreich stammende Königin Anna, dass an seiner statt zunächst **Kardinal** Mazarin (1602–1661) die Regierungsgeschäfte leiten soll – ein Italiener, der es am französischen Königshof zu viel Einfluss gebracht hat.

Er führt nicht nur die gesamten Regierungsgeschäfte Frankreichs, er unterrichtet Ludwig auch in der Kunst der Staatsgeschäfte, in Geschichte, in Militärführung, in den Rechtswissenschaften. Zu dieser Zeit erschüttern Bürgerkriege das Land. Spannungen zwischen katholischen und reformierten Christen spielen dabei eine Rolle, aber auch die Adligen, die die Macht des Königs infrage stellen.

Kardinal Jules Mazarin

Als nach Mazarins Tod im Jahr 1661 der junge König die Regierung endgültig selbst übernimmt, deutet er in seiner Rede seinen Machtkampf zwischen Adel und König an. Er wird Wege finden, den Adelsstand in seinem Machtbestreben zu bremsen. Durch Tricks bindet er ihn an den Hof von Paris und nimmt ihn sozusagen auch mit nach Versailles, an den neuen Sitz seines Hofes.

Ein Engel hält einen Lorbeerkranz über Ludwig XIV.: Dies bedeutet, dass er König von Gottes Gnaden ist.

## Glänzendes Versailles

Ein kleines Jagdschlösschen, in Versailles bei Paris gelegen, lässt Ludwig in jahrzehntelanger Arbeit zu einem weitläufigen Palast mit einem großflächigen Park ausbauen mit Blumenbeeten, Wasserspielen und schönen Statuen. In den Flügeln des Palastes ist genügend Platz für alle Grafen, Fürsten und Herzöge Frankreichs, die den König bedienen. Durch aufwendige Hoffeste, Gondelfahrten oder Jagdspektakel bindet Ludwig die Adligen an seinen Hof. Sie müssen schon kommen, wenn sie beratend Einfluss nehmen wollen. Wirklich zu entscheiden haben sie nichts.

Das Schloss ist sehr prunkvoll ausgestattet.

Sogar sein allmorgendliches Anziehen im **Kabinett** neben dem Schlafzimmer weiß Ludwig zu einer Demonstration von Macht und Pracht zu gestalten: Hunderte Personen, eingeteilt in fünf Gruppen, werden in sein Schlafgemach eingelassen und sind zugegen, wenn der König sich aus dem Bett erhebt. Einige Auserwählte dürfen ihm beim Anlegen seiner Kleider helfen. Einen Dienst ausführen zu dürfen ist eine Ehre und ein Vertrauensbeweis und bietet die Möglichkeit, dem König die neuesten Neuigkeiten vertraulich mitzuteilen oder eine Bitte vorzutragen.

Ludwig XIV. liebte den Tanz; hier in der Rolle der „Aufgehenden Sonne".

Nicht nur absolut ist Ludwigs Herrschaft, auch zentral. Paris und Versailles werden der Nabel der französischen Welt. Und der Hofstaat des „Sonnenkönigs", wie man ihn bald schon nennt, strahlt mit seiner aufblühenden Kultur weit über die Landesgrenzen hinaus. Literatur, bildende Kunst und die Wissenschaft erlangen Bedeutung für ganz Europa. Die Dichtung der französischen Klassik knüpft an die Antike an und Lustspiele im

## Wissen *spezial*

### Was passiert im Kabinett?

Heute noch bezeichnet Kabinett den Kreis der wichtigsten Minister um einen Staatspräsidenten oder einen Kanzler. Das Wort stammt vom Ankleidezimmer des absolutistischen Königs, wo die wichtigsten politischen Entscheidungen getroffen wurden.

Der „Sonnenkönig"
veranstaltete prächtige
Hoffeste.

Theater halten der Hofgesellschaft den Spiegel vor. Durch
die Ausstrahlung seines Hofes wird auch in den anderen
Ländern Französisch die Sprache des Hofes, des Adels, der
Vornehmen und der Gebildeten.

Frankreich beschenkt Europa aber nicht nur mit Kultur und Lebensart. Der Sonnenkönig führt aufwendige
Kriege gegen die Nachbarstaaten. Wenige Jahre nach seinem Machtantritt verleibt Frankreich sich ein Gebiet nach
dem anderen aus dem Deutschen Kaiserreich ein: Elsass
und Lothringen, Luxemburg, die Pfalz, auch Teile der spanischen Niederlande. Einige Herzog- oder Fürstentümer
kann er durch zielgerichtete Heiraten aus seiner Ver-

wandtschaft oder aus dem Adel erwerben. Andere lässt er durch sein „stehendes Heer" aus 280.000 Berufssoldaten erobern. Neue Gewehre werden entwickelt, die Waffen in gesonderten Magazinen untergebracht und sogar Lazarette für die verwundeten Soldaten errichtet. An den Grenzen des Landes entstehen zur Verteidigung massive burgartige **Bollwerke**. Weil Ludwig diese Dinge so wichtig sind, gehört der Kriegsminister François Michel Louvois (1641–1691) zu den ganz wenigen, deren Einfluss Ludwig noch gelten lässt.

**Wissen** *spezial*

**Sternförmige Bollwerke**
Der Festungsbaumeister Sébastien le Prestre de Vauban ließ nicht nur zahllose Burgen zur Sicherung der Grenzen Frankreichs bauen, sondern entwickelte eine besondere Art von Befestigungsmauern, die sternförmig um die Burgen gebaut wurden.

### Wer kann das bezahlen, wer hat so viel Geld?

Ein anderer Vertrauter ist Finanzminister Jean-Baptiste Colbert (1619–1683). Er hat die schwierige Aufgabe, dafür zu sorgen, dass Ludwig die gewaltigen Ausgaben für sein Heer, seine Kriege und seine Hofhaltung überhaupt bezahlen kann. Eine besondere Wirtschaftspolitik soll dem König aus der Klemme helfen, der sogenannte „Merkantilismus", eine staatlich gelenkte Wirtschaftspolitik. Der König unterstützt die Industrie der Manufakturbetriebe, deren Produkte teuer ins Ausland verkauft werden. Dadurch dass nur Rohstoffe eingeführt werden dürfen, stehen die Manufakturen Frankreichs ohne Konkurrenz da und können viele Einnahmen erzielen. Die Einnahmen der Großbetriebe fließen direkt in die Staatskasse. So braucht der König lange Zeit keine Steuern zu erhöhen. Damit die Fabrikanten ihren Manufakturarbeitern nur wenig Lohn zahlen müssen, dürfen die Bauern und Bäcker nur noch niedrige Preise für Getreide und

Ludwig XIV. führte viele Kriege.

Ludwig XIV. förderte die Künste und Wissenschaft, hier beim Besuch der Akademie der Wissenschaften.

Brot verlangen. Sie verarmen, ebenso die Handwerker, die mit der Konkurrenz der billigeren Manufakturwaren nicht mithalten können. – Ein weiteres Standbein des Merkantilismus ist der Ausbau der Handelsflotte und der

**Thema**  Luxusartikel aus Frankreich machten Schule

*Die französischen Manufakturwaren und Luxusgüter genossen in Europa einen exzellenten Ruf. Das waren vor allem die berühmten französischen Möbel und Gobelins, so nennt man die kunstvoll gewebten Teppiche mit Bildern; aber auch Apparate, Porzellan, Seidenstoffe, feine Strümpfe, Spiegel, Glas- und Kristallwaren sowie Mode- und Parfümerieartikel. Nicht nur die Waren waren begehrt, sondern auch die Methoden, sie herzustellen. Zunächst blieben die Techniken geheim, aber als Ludwig die Protestanten verfolgen ließ, wanderten viele aus und nahmen ihr Wissen mit.*

Kolonien, aus denen Frankreich billig an wertvolle Rohstoffe kommt, etwa Baumwolle, Seide, Tabak, Schokola-
de, Gewürze.

Ludwig XIV. legt durch seinen Absolutismus und die
auf die Hauptstadt konzentrierte Macht den Grundstein
dafür, dass auch heute noch in Paris alle Fäden der französischen Politik zusammenlaufen. Und dafür, dass die
Franzosen stolz sind auf ihre Kultur und ihre Ausstrahlung auf Europa und die Welt. Andererseits führt seine
verschwenderische Politik zugunsten seines teuren Hof-
staats und der königlichen Armee den französischen Staat
immer tiefer in die Verschuldung – und die einfache Bevölkerung ins Elend. Lange wird die Politik nicht mehr gedul-
det werden. Unter Ludwigs späterem Nachfolger Ludwig
XVI. wird sich das Volk zur großen Französischen Revolution erheben.

Die Seide der Seiden-
spinnerraupen ist
begehrt.

Die verpackten Güter
wurden von Zollbeamten
kontrolliert.

# Die **Boston Tea Party**

*Amerikas Weg zur Unabhängigkeit*

*1773 im Hafen von Boston*

„Sie werfen die gesamten Schiffsladungen ins Hafenwasser."

„Gewiss, 45 Tonnen Tee sollen es sein."

„Sind es Indianer?"

„Nein, in der Dunkelheit mag es
so erscheinen, aber es sind Männer von uns. Sie haben sich nur als
Rothäute verkleidet. Aus Protest
gegen den König."

„Recht so, er, der im viele tausend Mei-
len fernen London sitzt, verlangt von
uns Steuerabgaben auf jede Unze
Tee, die man uns hier anliefert."

„Sollen sie ihren Tee doch behalten. Der holländische Schmuggeltee schmeckt genauso gut. Keiner
von uns kann mitbestimmen
im Parlament in London, aber
wir alle müssen mitbezahlen."

„Lieber werfen sie den Tee ins Wasser, als
dass die Steuer an die englische Krone geht."

„Das soll den Engländern eine Lehre
sein."

*Zwei Männer im Flüsterton*

Fünfzig Männer, allesamt mit Federn am Kopf geschmückt, entern an jenem Dezemberabend im Hafen von Boston an der Ostküste Nordamerikas die drei Segelschiffe Dartmouth, Eleanor und Beaver. Sie werfen all die schweren Bündel Tee aus dem Schiffsbauch über Bord. Obwohl vom Ufer aus Tausende Menschen zuschauen, geht die Aktion ruhig über die Bühne. Fast gespenstisch ruhig; vor allem, wenn man bedenkt, dass die „Boston Tea Party" in jener Winternacht des Jahres 1773 eine wichtige Etappe auf

Als Indianer verkleidet, enterten Männer die Handelsschiffe.

dem Weg zur Unabhängigkeit der 13 amerikanischen Kolonien von England werden sollte. Dabei sind die Unabhängigkeitskämpfer selbst alle Briten, die in Amerika wohnen und die nun gegen das eigene Mutterland in Europa vorgehen, sich von ihm lossagen wollen.

1620 haben die „**Pilgrim Fathers**" in der Gegend von Boston, in Plymouth, Fuß gefasst und 1630 die Stadt Boston gegründet. Noch älter, von 1607, ist die Kolonie in Virginia, wo sich die Siedler zuerst in Jamestown niederließen und 1722 ihre Hauptstadt Williamsburg gründeten. Lange Zeit sind die Siedler in den 13 Kolonien mit der Herrschaft der englischen Krone zufrieden. Denn die meisten Europäer, die nach Amerika auswandern, sind auf der Suche nach Freiheit. Nach religiöser Freiheit, aber auch nach der Freiheit, ihren Beruf ausüben zu können, wie sie wollen, wohnen zu können, wo sie wollen. Hinzu kommt, dass in Europa die Erträge der Landwirtschaft oft nicht für alle Familienmitglieder reichten. Nachdem die ersten Siedler in

Pilger schifften sich auf der Mayflower ein, um nach Amerika auszuwandern.

Amerika überlebt haben, ist die Auswanderung nach Amerika für viele Europäer eine echte Alternative. Denn dort soll jeder unabhängig von Geburt und Stand seines Glückes Schmied sein. Dort sind die Bauern nicht vom Grundherrn abhängig und die Gläubigen nicht von dem religiösen Bekenntnis eines Fürsten oder Königs.

## Keine Steuern ohne Mitbestimmung

Die Schlacht bei Hastenbeck im Juli 1757 war nur eine von vielen Schlachten im Siebenjährigen Krieg.

Erste Auseinandersetzungen um die Politik der englischen Krone tauchen im Siebenjährigen Krieg auf, in dem die Engländer gegen die Franzosen kämpften. Ein Streitpunkt: Die Einwanderer wollen weiter nach Westen vorstoßen. Die Regierung in London aber will möglichst wenig Streit mit den dortigen Indianern und den Franzosen und ihre 13 Kolonien auf das Küstengebiet begrenzen. Entscheidender dafür, dass die Kolonien ihre Unabhängigkeit von London anstreben, sind die Steuer- und Zollpolitik des englischen Königshauses.

Preußische
Infanteriefahne

**Der Siebenjährige Krieg** wurde weltweit geführt. Am Ende ist die britische Regierung hoch verschuldet. In London sagt man sich: Wir haben mit unserem Geld die britischen Siedler gegen die Franzosen verteidigt, also sollen die Kolonien nun auch helfen, unsere Schulden abzutragen, und Steuern zahlen. Die Teesteuer sorgt für besonders viel Aufregung. Die Amerikaner dürfen Tee nur von der East India Tea Company kaufen. Mit der durch die Steuer verursachten Preiserhöhung kommt die Teehandelsgesellschaft allerdings nicht weiter. Die Siedler in Amerika trinken entweder heimlich „Schmuggeltee" aus einer holländischen Handelsgesellschaft oder verzichten auf Tee, wenn sie loyal, das heißt königstreu, bleiben wollen. Mit der Boston Tea Party demonstrieren sie ein

## Wissen *spezial*

**Der Siebenjährige Krieg**
Dieser Krieg, auch der Dritte Schlesische Krieg genannt, dauerte von 1756 bis 1763. Preußen und England kämpften gegen Österreich, Frankreich und Russland. Der Krieg wurde u. a. in Europa, Nordamerika und Indien ausgefochten; für England und Frankreich ging es vor allem um die Herrschaft in Amerika und Indien.

## Thema  Kolonialismus und europäische Handelsinteressen

*S*eit dem 16. Jahrhundert gründeten europäische Mutterländer Kolonien in Indien, Amerika und Afrika, mit denen sie erst Handel trieben, in denen sie den christlichen Glauben verbreiteten und eine europäische Verwaltung aufbauten. Die staatlich unterstützten Handelsgesellschaften verkauften in ihren Heimatländern sogenannte Kolonialwaren: Kaffee, Tee, Kakao, frische und getrocknete Südfrüchte und Gewürze sowie Seide und Bodenschätze, die die einheimische Bevölkerung oder Sklaven unter unmenschlichen Arbeitsbedingungen erwirtschafteten.

Im Unabhängigkeitskrieg lieferten sich die Gegner erbitterte Kämpfe (Filmszene aus „Der Patriot").

Stück Unabhängigkeit, aber bewusst völlig gewaltfrei, kein Aufruhr, keine Schüsse. Und sie beginnen zu argumentieren: Warum sollen wir Steuern an die britische Krone zahlen, wenn wir nicht darüber entscheiden können? „No taxation without representation", lautet deshalb die Parole der Siedler – keine Besteuerung ohne die Möglichkeit, im britischen Parlament mitzubestimmen.

Der Boykott weitet sich aus. Man verzichtet einfach auf die Waren aus englischen Handelsgesellschaften. Britische Stoffe und Kleidung finden keinen Absatz mehr in den Kolonien. Die Frauen der Siedler beginnen wieder selbst zu spinnen, zu weben und zu nähen. Aber nicht alle machen mit. Die Gesellschaft spaltet sich in die königstreuen Loyalisten und die Kolonisten, die im Zweifelsfall die Kolonien mehr unterstützen als die britische Krone.

## Aus Streit wird Krieg

Nach dem Teeboykott schicken die Engländer weitere Truppen, um solche Proteste und die Unabhängigkeitsbestrebungen zu unterdrücken. Die britische Regierung lässt den Hafen von Boston schließen, eine drakonische Maßnahme, weil viele dort arbeiten und Geld verdienen. Dadurch aber wird nur der Widerstand der Siedler gestärkt. Alle dreizehn Kolonien halten zusammen und schicken ein Jahr später Vertreter zu einem gemeinsamen Kongress nach Philadelphia in der Kolonie Pennsylvania. Dort beschließen sie, den Handel mit England einzustellen. Bisher sahen die Einwanderer die britischen Soldaten als Schutz, nun stellen sie ihnen ihre eigenen Milizen entgegen. Der Unabhängigkeitskrieg beginnt zunächst mit einzelnen Gefechten. Und ob man sich wirklich völlig von der englischen Krone lossagen will,

Indianer-Denkmal in Massachusetts: die Mohawk hatten auf Seiten der Engländer gekämpft.

In der Schlacht von Yorktown in Virginia besiegten die französisch-amerikanischen Truppen unter George Washington 1781 die britische Armee.

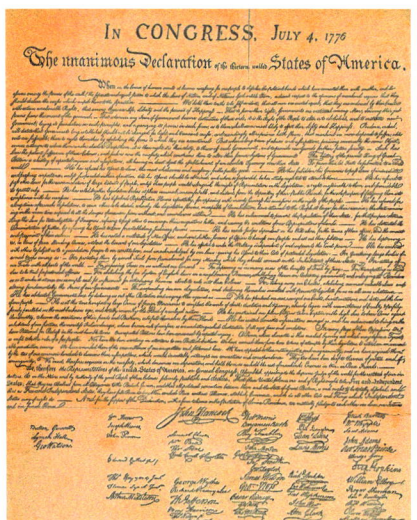

bleibt noch lange unentschieden. Flugblätter und Kriegsmeldungen machen die Runde. Von einem Land, in dem das Gesetz und nicht der König regiert, ist in einem Flugblatt die Rede. Auch ein Handelsvertrag mit Frankreich und später ein militärisches Bündnis stärken den amerikanischen Siedlern den Rücken.

Mit dieser Urkunde wurde die Unabhängigkeitserklärung besiegelt. Ein Komitee hatte die Erklärung ausgearbeitet.

George Washington – erster Präsident der Vereinigten Staaten von Amerika

Schließlich wendet sich doch das Blatt: Die Zahl der Loyalisten wird immer kleiner und die der Kolonisten immer größer. Zunächst geraten die Milizen der Siedler im Krieg gegen das Mutterland ins Hintertreffen, weil ihnen Geld, Waffen und ein gut organisiertes Heer fehlen. Sie müssen gegen die starke britische Kolonialarmee kämpfen und gegen die königstreuen Loyalisten. Aber auch gegen die Indianerstämme, die mit England verbündet sind. Als sich aber alle 13 Kolonien unter George Washington (1732–1799), der schon im Siebenjährigen Krieg erfolgreich ein Heer geführt hat, zum Kampf zusammenschließen, wendet sich langsam das Kriegsglück – nicht zuletzt auch durch die Unterstützung aus Frankreich, das einen Allianzvertrag mit den Kolonien geschlossen hat.

### Der Krieg wird zur Revolution

Gleichzeitig arbeiten die Befürworter der Unabhängigkeit von England fieberhaft an Entwürfen für eine eigene Verfassung. Und dann geht alles Schlag auf Schlag: Als Erste macht sich die Kolonie Virginia unabhängig mit der „Virginia Bill of Rights", in der die Menschenrechte eine große Rolle spielen. Thomas Jefferson (1743–1826) übernimmt den Auftrag, eine Unabhängigkeitserklärung für alle 13 Kolonien zu verfassen. Und am **4. Juli** 1776 erklären die 13 Kolonien ihre Unabhängigkeit, ihre Loslösung von Großbritannien. Nachdem die Erklärung in Boston und Philadelphia verlesen wurde, geht der Krieg allerdings erst richtig los. Sieben lange Jahre dauert der Krieg noch, mit vielen grausamen Schlachten, bis im Jahre 1783 die britische Krone im Frieden von Paris die Unabhängigkeit anerkennt. Die britischen Truppen verlassen das Land und mit ihnen die Loyalisten, die teils nach Kanada, teils zurück nach England gehen. Dies ist die Geburtsstunde der USA, der „Vereinigten Staaten von Amerika", zu denen sich die 13 Kolonien zusammengeschlossen haben. Zehn Jahre nach jener „Boston Tea Party".

Das Old State House in Bosten: vom Balkon aus wurde die Unabhängigkeitserklärung verlesen.

## Wissen *spezial*

**Day of Independence**

Der 4. Juli ist der bedeutendste Staatsfeiertag in den USA. Er erinnert an die Unterzeichnung der Unabhängigkeitserklärung. Jedes Jahr an diesem Tag finden in den Stadtzentren Amerikas große Umzüge, Feste und Feuerwerke statt.

# Sturm auf die Bastille

## Die Französische Revolution

*14. Juli 1789 in Paris*

„Lasst uns hinein."

„Ihr da unten, weicht zurück von unseren Toren, sonst lasse ich auf euch alle schießen."

„Wagt das nicht, es würde euch bald schon schlecht bekommen, ergebt euch in eurer Burg und rückt die Waffen heraus. Die Revolution ist nicht mehr aufzuhalten. Eure Herrschaft und die des Königs – sie ist am Ende. Die Bauern, die Handwerker, die Bürger – sie sind nicht mehr gewillt, das Joch zu tragen, die ganze Ungerechtigkeit. Das Rathaus von Paris ist schon in den Händen des Volkes. Wir kriegen auch euch, verlasst euch darauf."

„Hahaha, die Köpfe werdet ihr euch einrennen an unseren Mauern. Und ihr werdet sie verlieren. Es lebe der König!"

„Ach was! Auf, ihr Söhne Frankreichs! Wir stürmen die Burg! Wir befreien die Gefangenen der Bastille!"

*Ein Revolutionär und ein Wächter der Bastille*

Der „Sturm auf die Bastille" ist der erste Höhepunkt der Französische Revolution, dem großen Umsturz in einem der wichtigsten Länder Europas. Heute zeigen nur noch Zeichen auf dem Pflaster eines großen Platzes mitten in Paris, wo die Bastille einmal stand. Und es gibt alte Gemälde von dem Ort, an dem dieser Streit vor über 200 Jahren stattgefunden hat. Es ist das Staatsgefängnis des damaligen Frankreich, vor dem die Aufrührer am 14. Juli 1789 stehen: die Bastille, die Burg, aus der von oben die Wachen und der Kommandant herunterrufen.

Das unzufriedene Volk sieht die Gefängnisburg als ein Symbol für die Macht des verhassten Königs. Der erste Ansturm endet in einem Debakel. 80 der Aufrührer liegen tot auf der Straße, nachdem der Kommandant von innen heraus hatte schießen lassen. Ein zweiter Anlauf gleich anschließend wird besser geplant. Nun haben die Aufrührer Kanonen dabei. Auch Soldaten haben sich ihnen angeschlossen. Sie setzen die Wachmänner gefangen und lynchen später den Kommandanten. Schon kurz nach dem Ansturm wird die Bastille eingerissen.

Pariser Bürger stürmten mit Waffen, die sie vorher erbeutet hatten, das verhasste Staatsgefängnis.

### Warum sind die Franzosen unzufrieden?

Die Revolution hat große Bedeutung über Frankreich hinaus. Sie ist ein Meilenstein auf dem Weg, den viele Staaten Europas gehen werden. Von der absoluten Macht der Könige, dem Absolutismus, hin zu einem Staat ohne König, zur Republik. Und auch zur Herrschaft des Volkes, zur Demokratie.

Es ist kein Zufall, dass die Revolution gerade in Frankreich stattfindet. Das eigentlich doch so reiche Land befin-

Französischer Soldat

Vor der Sitzung versammelten sich die Generalstände zu einem feierlichen Umzug.

det sich, nach vielen teuren Kriegen, in einer Wirtschaftskrise. König Ludwig XVI. (1754–1793) ist hoch verschuldet bei den Banken des Landes. Wegen einer Missernte aufgrund von schweren Unwettern im Vorjahr ist obendrein das Brot knapp. Viele verhungern, Spottzeichnungen und aufrührerische Flugblätter gehen reihum in der Stadt. Wie wenig man im Königshaus von der Not der Untertanen weiß, zeigt Königin Marie Antoinette (1755–1793), als sie sagt: „Wenn die Bauern kein Brot mehr haben, so mögen sie doch Kuchen essen."

Angesichts der Gefahr für den König und seine Herrschaft überreden nun die Adligen des Landes den König, er möge die „Generalstände" zur Beratung zusammenrufen. Denn ohne ihr Einverständnis kann der König keine Steuern erheben oder erhöhen. Schon seit über hundert Jahren haben die Generalstände nicht mehr getagt. Seither haben sich die Machtverhältnisse unter den **Ständen** verschoben. Und so streiten die Abgeordneten nun lange darüber, welcher Stand wie viele Stimmen bekommen soll.

## Wissen *spezial*

### Was sind Stände?

Bis zur Französischen Revolution war es für die meisten Menschen in Europa völlig selbstverständlich, für immer in einen Stand geboren zu werden. Bauer blieb Bauer, Handwerker und Händler waren Bürger im 3. Stand, Grafen und Fürsten bildeten den weltlichen, den 2. Stand, und die Bischöfe, Mönche und Priester den geistlichen Adel, den 1. Stand.

Da greift der König, dem die Unruhe langsam zu groß wird, zu einem billigen Trick. Er lässt das Versammlungsgebäude in Versailles plötzlich sperren, wegen angeblicher Baufälligkeit. Doch damit kommt er nicht weit. Die Abgeordneten der Bürger, des dritten Standes, weichen ins **Ballhaus** gleich nebenan aus. Im sogenannten „Ballhausschwur" erklären sie sich zur einzigen Nationalversammlung, zur Vertretung des ganzen Volkes. Sie allein sehen sich nun als das Parlament, das die Geschicke des Staates bestimmt. Widerwillig akzeptiert der König dies auch. Die wirtschaftliche Not, die Gefahr der Zahlungsunfähigkeit – all das lässt ihm keine andere Wahl. Und so steht die absolute Monarchie, in der viele Jahrhunderte nur der König bestimmt hatte, im Sommer 1789 vor dem Ende.

Gerüchte machen in den folgenden Tagen die Runde: Man munkelt, der König trommle ihm ergebene Truppen zusammen. Mit ihnen, so heißt es, wolle er die Nationalversammlung sprengen, um die alten Zustände, seine Alleinherrschaft,

## Wissen *spezial*

### Das Ballhaus
Ein Ballhaus war eigentlich für ein tennisähnliches Ballspiel gedacht, das zuerst bei Hofe und später auch unter Bürgern beliebt war. Damit waren die Revolutionäre mit der Nationalversammlung gewissermaßen in eine Sporthalle des Königshofes von Versailles umgezogen.

Spiegelsaal im Schloss Versailles

Der Ballhausschwur: Frankreich sollte neu geordnet werden.

wieder einzurichten. Die Stimmung heizt sich immer mehr auf. Und so kommt es am 14. Juli 1789 zu jenem Sturm auf die Bastille und zu Aufständen der Bauern auf dem Land gegen die Schlösser der Grafen, deren Untertanen sie nicht mehr sein wollen.

## Die Nationalversammlung will mehr Rechte

Die Nationalversammlung trifft sich nun mehrere Monate lang täglich und erarbeitet Schritt für Schritt die neue Verfassung, die Grundsätze eines neuen Staates. Einer ihrer ersten entscheidenden Beschlüsse ist die Verabschiedung der **Menschen- und Bürgerrechte**. Niemand soll mehr Vorrechte allein aus seiner Abstammung heraus besitzen. Das wichtigste der Menschenrechte, die die Französische Nationalversammlung während der Revolu-

Plakate und Ansteckknöpfe warben für die Menschenrechte – für alle Menschen.

*Die Menschen werden frei und gleich an Rechten geboren und bleiben es.*
*Diese Rechte sind: Freiheit, Eigentum, Sicherheit und Widerstand gegen Unterdrückung.*
*Der Ursprung jeder Herrschaft liegt beim Volk.*
*Die Freiheit besteht darin, alles tun zu können, was einem anderen nicht schadet.*
*Alle Bürger haben das Recht, an der Gestaltung der Gesetze mitzuwirken.*
*Niemand darf wegen seiner Ansichten oder Religion bestraft werden.*
*Die freie Mitteilung der Gedanken und Ansichten ist eines der kostbarsten Menschenrechte. Daher kann jeder Bürger frei sprechen, schreiben, drucken.*

tion verabschiedet, lautet: „Die Menschen werden frei und gleich an Rechten geboren und bleiben es." Über diese Rechte sind sich die Abgeordneten noch einig. Doch alsbald beginnen die Konflikte.

Ludwig XVI. wurde am 21. Januar 1793 öffentlich enthauptet.

Die radikalen Revolutionäre – sie wurden Jakobiner genannt – wollen nun die Republik einführen und den König sogar zum Tode verurteilen. Die Gemäßigten dagegen, die Girondisten, bevorzugen die „konstitutionelle Monarchie", eine Herrschaft des Königs, dessen Macht durch Bestimmungen in der Verfassung begrenzt ist nach dem Prinzip der Gewaltenteilung. Ein unabhängiges Gericht und ein Parlament, das über Gesetze abstimmen darf, sollen die Macht des Königs schmälern. Aber in Frankreich behalten die Radikalen die Oberhand.

Maximilien de Robespierres

Das begeisterte Revolutionsheer besiegte die österreichischen und preußischen Truppen.

## Die blutige Schreckensherrschaft

Das Königspaar will fliehen. Es wird auf der Flucht nach Deutschland gefasst, verraten von einem Postmeister des Städtchens Varennes in Lothringen. Da setzen sich die Radikalen durch. Mit knapper Mehrheit beschließt die Nationalversammlung später die Hinrichtung des Königs. Nach seinem Kopf rollen noch viele weitere. Auch weil es schon bald darauf einem der Radikalen, Maximilien de Robespierre (1758–1794), gelingt, als Alleinherrscher die Macht an sich zu reißen. Und auch die Nationalversammlung schaltet er aus. Er führt ein grausames Regiment und setzt die fortschrittliche Verfassung mit den erst kurz zuvor eingeführten Menschenrechten außer Kraft. Selbst Robespierres früherer Freund, der Revolutionär Georges Danton (1759–1794), findet keine Gnade vor ihm. Das Urteil lautet Todesstrafe. Bald werden

> **Wissen** *spezial*
>
> **Schlachtenbummler**
> „Ich kann sagen, ich bin dabei gewesen", soll der Dichter Johann Wolfgang von Goethe geäußert haben, nachdem er 1792 extra in das Kriegsgebiet um Valmy gereist war, um die Kampftaktik der Revolutionäre zu beobachten.

Die Guillotine (Fallbeil) wurde nach ihrem Erfinder, einem Arzt, benannt.

so viele Todesurteile gefällt, dass die Scharfrichter mit ihrer grausamen Arbeit nicht mehr nachkommen. Ausgerechnet ein Arzt, Joseph Ignace Guillotin (1738–1814), erfindet dafür eine Tötungsmaschine: Das nach ihm benannte Fallbeil, die Guillotine, das Schafott. Schließlich aber wird auch der Schreckensherrscher Robespierre gestürzt und geköpft.

Freiwillig und fröhlich zogen die Soldaten in den Krieg.

### Ein Bündnis gegen Frankreich

Längst wirkt sich die Französische Revolution auf ganz Europa aus: Die meisten anderen Königshäuser fühlen sich bedroht von so einer Volkserhebung. Was, wenn die Vorgänge in Versailles und Paris an anderen europäischen Höfen Schule machen? Dagegen schließen sich die europäischen Mächte zusammen und führen Krieg gegen die Revolutionäre. Es wird ein langer, großer Krieg mit zahlreichen **Schlachten**, und es ist deshalb kein Zufall, dass in Frankreich ein General die große, mächtige Figur wird: Napoleon Bonaparte. Seine Armeen besetzen 15 Jahre lang fast ganz Europa. Erst 1815 in der berühmten Schlacht von Waterloo in Belgien besiegen ihn die Heere der anderen Länder.

Bei diesen Kriegen und Verwüstungen denkt niemand mehr an die Menschenrechte. Erst rund 100 Jahre später werden sie dauerhaft eingeführt. Und wenn auch zu Zeiten der Französischen Revolution die anderen Herrscher Europas noch Angst haben vor zu viel an Menschenrechten, die ihre eigene Macht beschneiden könnten: Heute berufen sich alle europäischen Regierungen auf sie. Und die Franzosen feiern stolz den 14. Juli, den Tag des Sturms auf die Bastille, als ihren Nationalfeiertag.

Der 14. Juli ist französischer Nationalfeiertag und wird in Paris mit einer großen Militärparade gefeiert.

# Mensch und **Maschine**

*Die Zeit der industriellen Revolution*

„Die neuen Maschinen werden uns in Armut stürzen."

„Seht nicht so trüb in die Zukunft, Vater, wir werden in die Stadt ziehen und in der Fabrik für Lohn arbeiten."

„Lohn? Einen Hungerlohn werden sie euch zahlen. Der zischende Apparat, er kann zweihundertmal so viel an Leinen ausspucken wie unser alter Webstuhl drüben in der Stube. Er arbeitet mit Dampf, mein Sohn, deine Kraft ist nichts mehr wert."

„Gewiss, wir mit unserem alten Holzgestell können nicht mehr mithalten, die Stoffe aus der Maschinenweberei werden so billig sein, dass es sich für uns nicht mehr lohnt. Doch sie werden Männer brauchen, die die Dampfwebstühle bedienen."

„Die Maschinen machen uns arbeitslos. Vielleicht müsst ihr auswandern, du und die Liesl."

*Vater und Sohn einer Weberfamilie im Gespräch*

 Ähnlich wie dieses verlaufen viele Gespräche in den Familien in Deutschland, England und anderswo in Europa. Das Maschinenzeitalter hat begonnen, die „industrielle Revolution". Nie zuvor hat die Technik so sehr in das Leben der Menschen eingegriffen – vor allem durch die Dampfmaschine.

## Die Dampfmaschine verändert alles

Erfunden hatte sie zwar schon 1712 Thomas Newcomen in England. Doch ihre wahre Bedeutung erlangt sie erst durch James Watt (1736–1819), einen aus armen Verhältnissen stammenden Engländer, der schon als Kind viel experimentiert hat. Als Mechaniker erhält er 1764 den Auftrag, eine Newcomen-Maschine zu reparieren. Dabei fallen ihm entscheidende Verbesserungen ein, die er sich patentieren lässt. Dies ist der Durchbruch zu einem neuen Zeitalter. Wie bei den

Thomas Newcomen hatte 1712 eine erste Dampfmaschine entwickelt.

James Watt baute die Dampfmaschine, die die Welt des Handwerks verändern sollte.

**Wissen** *spezial*

**Dampfschiffe –
volle Fahrt voraus ...**
Nicht nur Dampfschiffe befahren seit 1807 die Weltmeere, genauso revolutionär war der Einsatz der Dampfmaschine für den Schienenverkehr. 1830 wurde in England die erste Eisenbahnstrecke für den Verkehr mit Dampflokomotiven eröffnet.

meisten Veränderungen in dieser Zeit, kam die Idee zur Dampfmaschine aus England.

Mit Watts Dampfmaschine lassen sich wenig später dann, im 19. Jahrhundert, Eisenbahnen antreiben, Dampfschiffe, Dampfhämmer für Schmieden, Dampfpumpen für Bergwerke. Schon lange konnte der Mensch Naturkräfte nutzen: Pferde, Wind, Wasser. Doch die Dampfmaschine macht ihn unabhängig von den Launen der Natur. Schiffe können nun nach Fahrplan übers Meer fahren, egal, ob Flaute ist oder Sturm.

## Die Weber wehren sich als Erste

Die technischen Fortschritte bringen manche Vorteile, für viele aber auch Nachteile. Das zeigt sich besonders deutlich, seit 1785 mechanische Webstühle erfunden werden, die bald auch mit Dampfantrieb laufen. Mit ihnen können die Fabrikbesitzer rationeller, also schneller und billiger Stoffe herstellen. Dies schafft große Probleme für die vie-

Fahrplan eines
Postdampfschiffes

Dampfschiffe wurden oft zusätzlich mit Masten und Segeln ausgestattet, weil man der neuen Technik noch nicht ganz vertraute.

Eine der ersten englischen Fabriken mit halbautomatisierten Webstühlen zur Herstellung von Decken

len Tausend Weber auf dem Land, die die Wolle, den Flachs oder die Baumwolle mit der Hand in Heimarbeit verarbeiten. Kein Käufer ist mehr bereit, ihnen die alten höheren Preise für ihre Produkte zu bezahlen, wenn sie sie aus der Fabrik zum halben Preis erhalten. Viele Weber verlieren so ihre Lebensgrundlage. In Schlesien wehren sich die Weber im Juni 1844 gegen die niedrigen Löhne. Im Zuge der Aufstände gehen sie auf die Straßen, stürmen die neuen Textilfabriken und zerstören dort die Maschinen. Das Militär greift ein und viele Aufständische kommen ins Gefängnis.

Die schlesischen Weber kämpften gegen die Maschinen.

## Stadtluft macht frei

Andere verlassen ihre Werkstätten zu Hause und ziehen in die Stadt, um dort in Fabriken Arbeit zu suchen. Eine nie da gewesene „Landflucht" setzt ein und führt zum rasanten Wachstum der Städte. Die Landflucht nimmt auch deshalb

In der Landwirtschaft wurde der Dampfpflug eingesetzt.

zu, weil **Leibeigene** nun frei sind fortzuziehen und weil die Landwirtschaft viele Menschen entbehren kann. Denn auch dort machen Maschinen wie neue Stahlpflüge oder von Dampf angetriebene Dreschmaschinen manche Tagelöhner und Saisonarbeiter in den Dörfern überflüssig. Besonders eine Neuerung sorgt dafür, dass der Ertrag der Felder steigt und damit auch immer mehr Menschen ernährt werden können: 1840 erfindet der Chemiker Justus von Liebig (1803–1873) den Kunstdünger aus Mineralien. Wachsender Beliebtheit erfreut sich bald auch Guano, ein Dünger aus Vogelmist, der neben Zucker, Rum, Baumwolle, Tabak und Indigo aus Chile eingeführt wird. 1847 ist der jährliche Guanoimport allein von England auf 300.000 Tonnen angewachsen. Nur mithilfe der Dampfschifffahrt sind solche Transporte zu bewerkstelligen. Dabei können die Dampfer auf der Hinfahrt Fertigprodukte mitnehmen, die in Südamerika verkauft werden: eben jene neue Massenware, Stoffe zum Beispiel, oder auch Maschinen.

## Wissen *spezial*

### Beinahe Leibeigene

Bis ins 19. Jahrhundert mussten Landarbeiter für den Gutsherrn oder Grundherrn auf dem Feld arbeiten und bekamen dafür eine Unterkunft und manchmal ein kleines Stück Land, von dem sie selbst leben konnten. Leibeigene durften nicht wegziehen; denn sie waren an die Scholle gebunden.

Justus Liebig experimentiert in seinem Laboratorium.

Genauso wie den Webern ergeht es auch anderen Handwerkern, deren Produkte nun von Maschinen schneller und billiger hergestellt werden. Sägewerke beispielsweise erledigen das Zuschneiden der Baumstämme, ersetzen viel von der Arbeit, die Zimmerleute zuvor mit der Hand verrichten mussten. Doch denen geht so schnell nicht die Arbeit aus. Immer mehr und immer größere Häuser werden gebraucht – vor allem in den Städten, wo immer mehr Menschen wohnen.

Eine Krankenpflegestation im 19. Jahrhundert

Auch die **Medizin** macht Fortschritte; die wissenschaftliche Forschung trägt dazu bei, manche Krankheiten besser heilen zu können. Langsam sinkt die Kindersterblichkeit. Auch deshalb wächst die Bevölkerung rasant, in den deutschen Ländern allein im 19. Jahrhundert auf mehr als das Doppelte. In den großen Arbeiter-Vorstädten führt dies zu hygienischen Problemen. Rohre für die Abwässer gibt es zunächst nicht; Kot und Schmutz landet auf den Straßen. Wo es Wasserhähne oder Toiletten gibt, müssen diese für viele Familien reichen. Verschmutztes Trinkwasser führt oft zu Seuchen.

## Wissen spezial

### Wie weit war die Medizin?

Die medizinische Forschung feierte in der zweiten Hälfte des 19. Jahrhunderts einen Erfolg nach dem anderen: 1846 erfand W. T. G. Morton die Äthernarkose. Mit dieser Betäubung wurde zwei Jahre später die erste Blinddarmoperation durchgeführt. Etliche Krankheitserreger konnten entdeckt und damit Impfstoffe gegen sie entwickelt werden: für Tuberkulose und Diphtherie zum Beispiel.

## Soziale Not in den unteren Gesellschaftsschichten

Arbeiterfamilien lebten meist in Ein- bis Zwei- zimmerwohnungen. Auch Kinder mussten in der Fabrik arbeiten.

Doch dies ist noch die geringste Sorge der Arbeiterfamilien. Weil so viele in die Städte strömen, brauchen die Fabrikbesitzer nur niedrige Löhne zu bezahlen. Wer mehr Lohn verlangt, wird entlassen und durch einen anderen Arbeiter ersetzt. Arbeitslosigkeit kommt auf, mehr noch Verarmung und Verelendung. Manche Menschen sehen sich gezwungen auszuwandern, zum Beispiel nach Amerika.

Während früher auf dem Land der Familienvater genug verdiente, die Frau sich um Haus und Hof kümmerte und viele Lebensmittel aus dem eigenen Garten kamen, so

**Thema**  „Alle Räder stehen still, wenn dein starker Arm es will.“

*Armut und soziale Not der Arbeiter weckten das Gefühl der Solidarität. Manchmal streikten die Arbeiter für höhere Löhne. In Deutschland gründeten sich 1863 der Allgemeine Deutsche Arbeiterverein und 1869 die Sozialdemokratische Arbeiterpartei, beides Vorläufer der SPD, die seit 1890 den Namen Sozialdemokratische Partei Deutschlands trägt.*

*Sie setzte sich für bessere Lebens- und Arbeitsbedingungen, Alterssicherung und Bildung der Arbeiterfamilien ein. Demokratisch hieß für die SPD, dass alle, auch die Frauen, wählen und Abgeordnete im Parlament sein durften.*

Die Arbeiter begannen sich allmählich zu organisieren.

müssen jetzt in der Stadt bei den niedrigen Löhnen alle arbeiten. Schließlich ist hier auch noch die Miete für die Wohnung zu bezahlen. Selbst die Kinder bleiben nicht verschont. Viele von ihnen müssen in die Fabrik, oder sie werden in den engen und niedrigen Stollen der Bergwerke eingesetzt, weil sie noch klein sind. Tief unter der Erde schieben sie 12 Stunden am Tag Loren oder beladen sie mit Kohle.

Als die Zustände immer unhaltbarer werden –, oft lebt eine Familie mit vielen Kindern unter schrecklichen Umständen in nur einem Zimmer – schließen die Arbeiter sich zusammen und bilden **Arbeitervereine** oder Gewerkschaften.

Am Anfang sind Streiks noch verboten; doch allmählich werden die Vertreter der Arbeiter gehört. Die Parlamente verabschieden **Sozialgesetze**.

Nach und nach steigen die Löhne; dadurch können sich die Arbeiter selbst die Dinge kaufen, die sie in den Fabriken herstellen: Möbel, Kleidung, Apparate und vieles mehr. Und so ist auch dafür gesorgt, dass die Unternehmen keine Absatzprobleme haben.

## Wissen *spezial*

**Was sind Sozialgesetze?**
Mit diesen Gesetzen versuchte der deutsche Reichskanzler Otto von Bismarck auf die soziale Notlage der Arbeiter einzugehen, auch um deren Proteste und den Einfluss der SPD einzudämmen: So führte er z. B. 1883 die Krankenversicherung und ab 1884 die Unfallversicherung ein.

# Das Attentat von Sarajewo

## Vom Nationalismus zum Ersten Weltkrieg

*28. Juni 1914 in Sarajewo*

„Hurra, Hurra, drei Hurra auf den Erzherzog, es lebe Österreich!", schallt es aus einigen Kehlen, als das Automobil mit dem Kronprinzenpaar sich langsam durch die Franz-Joseph-Straße bewegt.

„Ach was, nieder mit dem Thronfolger aus Wien", zischt es etwas weiter vorn. Da fallen Schüsse, zwei Schüsse. „Um Himmelswillen, der Erzherzog, der Franz Ferdinand, er ist getroffen, da, seine Frau, die Sophie, sie kippt auch vornüber. Jesus, Maria und Joseph, warum fährt er denn nicht schneller, der Chauffeur?"

„Nieder mit dem österreichischen Kaiserhaus, ihre Leute haben hier nichts zu suchen, es lebe Serbien", zischt wieder der Mann von vorn.

„Das wird ein böses Ende nehmen", murmelt einer von jenen, die Franz Ferdinand eben noch mit Hurra bedachten. „Vielleicht wird es Krieg geben."

*Menschen am Straßenrand*

Wie ein zündender Funke in einem Pulverfass – so wirken die Pistolenschüsse am 28. Juni 1914 in Sarajewo, der Hauptstadt von Bosnien-Herzegowina. Nationalisten aus dem Nachbarstaat Serbien unterstützen den Mord an dem österreichischen Prinzenpaar. Der Augenblick ist gut gewählt: Zum feierlichen Abschluss einer Militärübung fährt Erzherzog Franz Ferdinand (1863–1914) mit seiner Frau Sophie Herzogin von Hohenberg (1868–1914) in einem offenen Automobil durch Sarajewo. Erst 1908 hatte **Österreich-Ungarn** Bosnien-Herzegowina an sein Staatsgebiet angeschlossen, „annektiert". Die Serben sehen dies als einen Schlag gegen ihre großserbischen Pläne. Sind doch auch sie entschlossen, Bosnien-Herzegowina zu annektieren, vor allem, weil in Bosnien viele Serben wohnen.

Zeitungsbericht über das Attentat

Natürlich war der Besuch des Erzherzogs Franz Ferdinand in Sarajewo eine Demonstration österreichischer Militärmacht in seinem „neuen Land". Allerdings hatte sich der Thronfolger fest vorgenommen, den Bosniern und auch den Serben mehr Gehör zu schenken, würde er erst den Thron besteigen. Er wollte den Serben, die in Bosnien leben, im großen österreichisch-ungarischen Verbund mehr Rechte zugestehen. Doch genau dies gefährdet nach Ansicht der serbischen Scharfmacher die großserbischen Pläne. Denn dadurch könnte Franz Ferdinand die Serben auf seine Seite ziehen. Dies ist der Hintergrund des Mordanschlags.

Weltpolitisch wird schnell klar: Nicht nur Österreich und Serbien sind von den Schüssen betroffen. Beide Länder sind in Bündnissysteme verflochten. Österreich steht im „Dreibund" mit dem deutschen Kaiserreich und Italien. Serbien hat das mächtige Russland mit

---

**Wissen *spezial***

**Österreich-Ungarn – ein Land?**
Diese sog. Doppelmonarchie aus der Verbindung Österreich und Ungarn war ein Vielvölkerstaat. 1914 lebten dort 25% deutsche Österreicher, 17% Ungarn, 13% Tschechen, 11% Serbokroaten, 9% Polen, 8% Ukrainer, 7% Rumänen, 4% Slowaken, 3% Slowenen, 2% Italiener, 1% Sonstige.

Als Italien die Fronten wechselte, vom Dreibund zur Entente, wurden diese Schmäh-Karten verteilt.

### Wissen *spezial*

**Was heißt Entente?**
Aus dem Französischen kommend, bedeutet das Wort auf Deutsch „Einverständnis" und bezeichnete ein 1904 zwischen England und Frankreich geschlossenes Abkommen, das richtig „Entente cordiale" genannt wurde – herzliches Einverständnis.

dem Zaren auf seiner Seite, dazu England, Frankreich und weitere Staaten – die „Entente". Dreibund gegen Entente – dieser Konflikt droht also, als Österreich am 23. 7. an Serbien ein Ultimatum richtet: Entweder wir dürfen in eurem Land nach den Mördern fahnden oder es gibt Krieg.

Die Lage zwischen den Staaten und Völkern Europas ist angespannt am Anfang des 20. Jahrhunderts. Fanatischer Nationalismus – der Glaube, das eigene Land sei besser als das Nachbarland – ist weit verbreitet, nicht nur in Serbien und in Österreich. Da ist die Rivalität zwischen Deutschland und England. Beide bauen Kriegsschiffe um die Wette, jeder strebt nach wirtschaftlicher Vorherrschaft in Europa. Die Franzosen hegen Groll, weil sie 1871 Elsass und Lothringen an Deutschland verloren haben. Auch gegenüber Russland gibt es in Deutschland und Österreich viele Vorbehalte. Viele Nationalisten sehen die Slawen als minderwertig an.

Während die Männer an der Front waren, arbeiteten noch mehr Frauen in Fabriken, hier in einer Munitionsfabrik.

Die Menschen reagierten gespannt auf den Kriegsausbruch, viele Männer meldeten sich freiwillig an die Front.

In diese aufgepeitschte Stimmung fallen die Schüsse von Sarajewo. Die Befürchtung des Mannes auf der Franz-Joseph-Straße in Sarajewo wird wahr: Zwar halten Österreich und Deutschland fest zusammen, aber Russland, Frankreich und Deutschland erklären sich bald den Krieg. In Eisenbahnzügen fahren die deutschen Soldaten nach Westen oder Osten an die Front. Viele singen nationalistische Lieder, rufen „Hurra" und sind voller Siegeszuversicht. Und die deutsche Regierung lässt ihre Soldaten einfach nach Frankreich und Polen marschieren.

## So grausam war ein Krieg noch nie

Im Westen sind die deutschen Soldaten zu Anfang im Vorteil und dringen schnell auf französisches Gebiet vor. Geschickte Kriegsführung lässt sie manche Schlacht gewinnen. Doch sie haben nichts davon. Sie erleben eine völlig neue Art von Krieg. Man läuft noch aufeinander zu, als kämpfe man mit

### Wissen *spezial*

**Zankapfel Elsass-Lothringen?**
Beide Landschaften waren lange deutsch und französisch. Namensgeber für Lothringen war Kaiser Lothar I. (795–855), der im 9. Jahrhundert das fränkische Mittelreich regierte. Später war Lothringen (mit dem Gebiet des heutigen Elsass) selbstständiges Herzogtum. Danach gehörte es zu Burgund. Seit Ludwig XIV. (1638–1715) sind Elsass und Lothringen französisch.

Soldaten und Lastesel mit Gasmasken, zum Schutz gegen den Einsatz von Tränen- und Chlorgas

Britischer Panzer

dem Säbel Mann gegen Mann, doch die modernen Maschinengewehre sind todsicher. Sie bringen das Massensterben, sie töten Hunderte in Minuten.

Um nicht getroffen zu werden, verstecken die Soldaten sich in Schützengräben, in denen sie sich wochen-, teils jahrelang gegenüberstehen. Bald merken die Soldaten auf beiden Seiten, dass sie ihren Kopf hinhalten müssen für die Einpeitscher in den Regierungen und die Generäle. Deshalb kommt es manchmal in den Kampfpausen zu heimlichen, kurzen Verbrüderungen zwischen den feindlichen Soldaten. Doch es hilft nichts: In

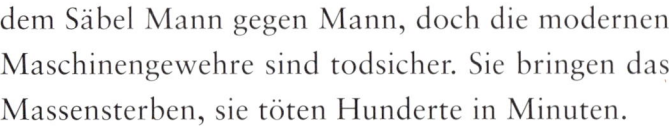

**Thema**   Das Schlachtfeld von Verdun heute

*Das Schlachtfeld von Verdun, die Festungsbauten und Schützengräben sind heute in einer weitläufigen Parkanlage und Gedenkstätte zu besichtigen. Zentraler Ort ist das „Ossuaire", das 130 Meter lange Beinhaus für die Gebeine von etwa 130.000 Toten, die nicht identifiziert werden konnten. Darüber*

*im ersten Stock befinden sich u. a. Gräber, Gedenksteine und eine Kapelle.*
*1984 legten sowohl der französische Staatspräsident Mitterrand als auch der deutsche Bundeskanzler Helmut Kohl gemeinsam Kränze nieder, eine Versöhnungsgeste der ehemaligen Feinde.*

Frankreich sind es der Marne-Fluss und das Städtchen **Verdun**, in Belgien der Ort Langemarck – diese Orte und viele mehr stehen für Hunderttausende von Toten. Im Osten ziehen die Deutschen durch Polen und kämpfen gegen Russland. Bald ist der „Hurrapatriotismus" vorbei – auf allen Seiten.

In der Schlange vor einem Lebensmittelgeschäft bricht eine Frau zusammen.

Auch die Zivilbevölkerung daheim leidet unter dem Krieg. Englische Kriegsschiffe blockieren den Seeweg nach Deutschland, sie lassen keine Lebensmittel und Rohstoffe mehr durch. Hunger macht sich breit, die Fabriken können nicht mehr produzieren. Dieser Krieg ist anders als die anderen zuvor, er betrifft alle Menschen. Gegen Kriegsende geht es ihnen schlechter als je zuvor.

Oben: Das deutsche Jagdflugzeug Fokker DR; Mitte: Soldaten im Schützengraben

Der Erfindungsreichtum allerdings wächst. So kommt das geflügelte Wort vom „Krieg als Vater aller Dinge" auf. Die Entwicklung der Flugzeuge macht große Fortschritte, zum Abwurf von Bomben aber auch zur Spionage hinter den Feindeslinien. Panzer werden erfunden, die Kriegsschiffe werden immer größer. In der „Schlacht im Skagerrak" in

Im Skagerrak fand eine der größten Seeschlachten statt.

Als das Passagierschiff
Lusitania versenkt wur-
de, erklärten die USA
Deutschland den Krieg.

der Nordsee 1916 fahren rund 250 englische und deutsche Kriegsschiffe aufeinander zu, um sich an einem Nachmittag gegenseitig zu versenken. 8600 Seeleute sterben. Kein Land zieht daraus Vorteile.

## Am Ende wird die Macht neu verteilt

Tatsächlich finden die Kämpfe auf der ganzen Welt statt: in Asien, in Afrika, auch auf kleinen Inseln im Pazifischen Ozean. Überall dort, wo die europäischen Kriegsgegner ihre „Kolonien", ihre abhängigen Gebiete, haben. 1917 versenkt ein deutsches U-Boot ein Passagierschiff mit amerikanischen Passagieren. Daraufhin erklären die USA Deutschland im April den Krieg. Und damit wird die Lage an der Westfront für Deutschland immer aussichtsloser.

Unterschriften zum
Versailler Vertrag

1918, gut vier Jahre nach den Schüssen von Sarajewo und nach 10 Millionen Toten, setzt sich die Kriegsmüdigkeit durch. In Kiel weigern sich die Matrosen, erneut in die Schlacht auszulaufen. In Berlin und München gehen die Revolutionäre auf die Straße. Schließlich muss der deutsche Kaiser, Wilhelm II. (1859–1941), abdanken. Ende 1918 kommt es zu einem Waffenstillstand und Anfang 1919 zum „Versailler Vertrag": Deutschland und Österreich wird die Schuld am Krieg zugewiesen. Österreich-Ungarn, die große Donaumonarchie, zerfällt. Auch ihr Kaiser muss abdanken. Deutschland verliert manche Gebiete, Elsass-Lothringen etwa fällt wieder an Frankreich, Westpreußen und Posen gehen an Polen. Vor allem muss das Reich **Reparationen** bezahlen. Das verzögert den Wiederaufbau Deutschlands nach dem Krieg enorm. Es darf weder Flugzeuge noch größere Kriegsschiffe bauen. Die Bestimmungen des Versailler Vertrages empfinden viele Deutsche als erniedrigend. So sehen viele im Vertrag von Versailles eine Mitursache dafür, dass die nationalistischen Strömungen in Deutschland wieder aufflammen.

In der „Weimarer Republik", die das Kaiserreich ablöst, machte eine Wirtschaftskrise viele arbeitslos, die in den Nationalisten die politische Rettung sehen. All dies mündet schließlich in den Nationalsozialismus unter Adolf Hitler und damit in eine noch schlimmere Weltkriegskatastrophe.

Im Spiegelsaal des Versailler Schlosses wurde der Vertrag unterzeichnet, der formell den Ersten Weltkrieg beendete.

# „**Alle Macht** den Sowjets!"

*Die Oktoberrevolution in Russland*

*3./16. April 1917 in St. Petersburg*

„**G**enossen, Soldaten, Matrosen und Arbeiter! Ich grüße euch nach meinen langen Jahren im Ausland. In der Zwischenzeit habt ihr euch vom Zaren befreit, von der russischen Kaiserfamilie, die euch so viele Jahrhunderte unterdrückte." **Der kleine Mann mit Schnauz- und Kinnbart auf einem Panzerwagen wird von rauschendem Beifall unterbrochen.** „Bald schon wird euch die ganze Macht im Land gehören. Wir brauchen keine Fabrikbesitzer mehr, keine Großgrundbesitzer." **Immer wieder dreht sich der Redner,** um alle Menschen anzusprechen. „Und wir brauchen keine Generäle mehr, die uns in den Krieg schicken. Denn ihr seid die Vorhut der großen Armee von Arbeitern aller Länder, die sich überall gegen die Unterdrücker erheben wird. Es lebe die sozialistische Weltrevolution!"

*Wladimir Iljitsch Lenin spricht zum russischen Volk.*

 Die Stimmung ist aufgeheizt in der Hauptstadt, damals noch St. Petersburg. Ein Umsturz liegt in der Luft und dem Volk geht es schlecht. Zum einen, weil viele russische Soldaten im Ersten Weltkrieg gegen das Deutsche Reich kämpfen müssen, dessen Armeen in Russland stehen. Vor allem aber, weil die rechtliche und soziale Lage der Bauern und Landarbeiter und die Arbeits- und Lebensbedingungen der Industriearbeiter in den Fabriken sehr schlecht sind. Viele Russen sind bitterarm und müssen hungern.

## Lenin und die Bolschewiken

Als Wladimir Iljitsch Lenin (1870–1924) an jenem **Apriltag** vor den Arbeitern seine revolutionäre Rede hält, ist er kurz vorher aus dem Exil in der Schweiz gekommen. Doch die politisch Aktiven in Petersburg kennen ihn gut. Seit den 1890er-Jahren ist er in der sozialdemokratischen und

Lenin nach seiner Rückkehr aus der Schweiz (Filmszene)

sozialrevolutionären Bewegung tätig. Diese Bewegung wird allerdings vom Regime des Zaren, des Kaisers von Russland, zerschlagen. Lenin und andere Aktivisten geraten in Gefangenschaft und Verbannung nach Sibirien. Um weiter politisch handeln zu können, gehen viele russische Sozialdemokraten ins Ausland, ins Exil. Auch Lenin agiert teilweise unter einem fremden Namen, um nicht entdeckt zu werden.

1903 auf dem zweiten Kongress der russischen Sozialdemokraten in Brüssel und London tritt er an der Spitze der sogenannten Mehrheitler, der Bolschewiken, auf. Sie wollen nicht nur, dass Könige, Adlige und Großgrundbesitzer ihre Macht und ihren Einfluss an das Volk abgeben, nicht nur soll der absolutistisch und allmächtig regierende Zar abgesetzt werden. Die Bolschewiken treten darüber hinaus dafür ein, dass Unternehmer und Grundbesitzer enteignet werden und stattdessen die Bauern und Arbeiter, das Proletariat, den Besitz verwalten.

Lenins sozialistische Haltung geht vor allem auf einen deutschen Philosophen zurück, dessen Schriften er im Gefängnis genau studiert hat: Karl Marx (1818–1883). Sollte Russland das erste Land sein, in dem die „marxistische" Idee verwirklicht wird? Eigentlich sind Marx sowie die anderen Sozialisten Deutschlands und Englands davon überzeugt, dass die Revolution nur von einem Land mit viel Industrie ausgehen kann, nämlich von der **Arbeiterklasse**.

Karl Marx

Zar Nikolaus II. wird von den Revolutionären festgenommen und verhört (Filmszene).

Ikone (Tafelbild) mit der Familie des russischen Zaren

### Der Zar wird gestürzt

Die Situation im Frühjahr 1917 ist unklar. Hunger und soziale Not treibt die Menschen auf die Straße, um gegen die Missstände zu protestieren. Im Februar erhalten die Garderegimenter des Zaren den Befehl, das Feuer auf Demonstranten eröffnen. Das ist zu viel. Die Soldaten, von denen ein Teil selbst kritisch gegen den Herrscher eingestellt ist, reihen sich in den Protestmarsch ein.

Zar Nikolaus II. (1868–1918) ist machtlos und sieht sich gezwungen, abzudanken. Seit dieser „Februarrevolution“ ist die Macht geteilt. Da gibt es zum einen ein neues Parlament, die „**Duma**“, und zum anderen den Ersten Sowjet, das heißt auf Deutsch: Rat. Die Zuständigkeit dieser beiden Gremien ist noch nicht festgelegt. Bis zum Herbst will eine provisorische Regierung eine Verfassung ausarbeiten und freie Wahlen abhalten. Beide Versammlungen arbeiten teils zusammen, teils bekämpfen sie sich.

**Wissen** *spezial*

**Was ist die Duma?**
Damit wird in der Regel eine beratende Versammlung bezeichnet, z. B. ein Stadtrat; aber auch das Haus, in dem die Versammlung stattfindet. Das Wort kommt aus dem Alt-Slawischen und heißt so viel wie „nachdenken“.

Für den ersten Jahrestag der Oktoberrevolution entwarf Marc Chagall das Plakat „Krieg den Palästen".

In dieser unsicheren Lage gründen die Bolschewiken eine eigene Partei, straff organisiert und angeführt von Lenin. Er legt wenig Wert auf Demokratie und Mitbestimmung, stattdessen will er eine „Diktatur des Proletariats" einführen. Lenin sagt: Ohne so eine Diktatur kommen die unterdrückten Arbeiter, eben das „Proletariat", nie zu ihrem Recht. Deshalb müssten die Revolutionäre, die den Arbeitern zu mehr Einfluss verhelfen wollten, erst einmal selbst die Macht erobern und sichern. Und viele glauben ihm. Doch Lenin ist nicht selbstlos – nachdem er im Namen der Unterdrückten einen gewaltigen Umsturz angetrieben hat, bleibt er anschließend lange an der Macht.

## Die Oktoberrevolution – ein gezielter Putsch

Im Sommer 1917 verliert die russische Armee Gebiete im Baltikum und in den Karpaten an Deutschland. Bei den Wahlen im September erhalten die Bolschewiken in Moskau und Petersburg die absolute Mehrheit. Einen Monat später entscheidet sich das Zentralkomitee der bolschewistischen Partei für einen bewaffneten Aufstand. Entsprechende Truppen werden zusammengezogen und in der Nacht vom 24. auf den 25. Oktober 1917 ist es so weit:

Der Panzerkreuzer Aurora spielte eine entscheidende Rolle in der Oktoberrevolution.

Von einem Kriegsschiff aus, dem Panzerkreuzer „Aurora", der in einer Bucht vor St. Petersburg liegt, geben revolutionäre Matrosen einen lauten Schuss ab. Die Truppen Lenins und der Bolschewiken stürmen daraufhin das Winterpalais, wo die Übergangsregierung sitzt. Die Minister werden ver-

Die Menschenmenge
stürmt das Winterpalais.

haftet. Der große Rat der Revolutionäre, der „Allrussische Sowjet" tagt und setzt als neue Regierung statt Ministern nun Volkskommissare ein, die alle der Partei der Bolschewiken angehören. Oberster Kommissar ist Lenin.

## Dem Volk die Macht?

Der Rat der Volkskommissare lässt zwar noch einmal Wahlen abhalten für eine Versammlung, die die neue Verfassung ausarbeiten sollte, die Grundlage für den neuen Staat. Doch nachdem die bolschewistische Partei darin nur ein Viertel der Stimmen erhält, lässt sie die verfassunggebende Versammlung kurzerhand von den ihnen ergebenen Militärs auflösen. Sie hat jetzt die allei-

Lenin auf dem 2. Gesamt-
kongress 1917

Lenin hält eine Rede
auf dem Roten Platz in
Moskau.

Plakat wirbt für die
Kollektivierung.

nige Macht. Lenin hat sein erklärtes Ziel erreicht: die
„Diktatur des Proletariats".

Viele Bereiche der russischen Wirtschaft werden nun enteignet und verstaatlicht: die Fabriken, der Grund und
Boden für die Landwirtschaft, auch die Banken – all dies
gehört nun nicht mehr einzelnen Menschen oder Familien,
sondern dem Staat. Oder, wie Lenin es ausdrückt: Es
gehört der „Arbeiterklasse". Tatsächlich aber haben die
Bolschewiken selbst die Macht über das Wirtschaftsge-
schehen. Noch im Oktober 1917 enteignen sie die Großgrundbesitzer und Fabrikanten. Sie wollen, dass die gesamte Produktion im Land einem einheitlichen Plan folgen
muss. Aber die Arbeiter in den Fabriken und auf den Land-
gütern können die Arbeit nicht so schnell neu organisieren.
Und so bringt der Umbruch die Wirtschaft Russlands

schon 1918 und in den folgenden Jahren in große Schwierigkeiten.

Am Anfang als Befreier vom Joch der harten Zarenherrschaft bejubelt, verlieren die Bolschewiken an Vertrauen, vor allem bei den Bauern. Dennoch schaffen sie es, mithilfe von harten Strafen – darunter vielen Todesurteilen – und strenger polizeilicher Überwachung ihren Staat, die „Sowjetunion" zu errichten, zu entwickeln und zu modernisieren. Als KPdSU, Kommunistische Partei der Sowjetunion, bleiben die Bolschewiken noch bis 1985 an der Macht. Und die sozialistischen Arbeiter- und Soldatenräte von 1917 machen **in ganz Europa** Geschichte, überall da, wo sozialistische oder kommunistische Parteien gegründet werden.

Demonstration am 84. Jahrestag der Oktoberrevolution mit der Flagge der Sowjetunion

---

**Thema** Kommunistische Revolutionen in Europa

*Ein Jahr nach der Oktoberrevolution, als im übrigen Europa der Krieg zu Ende ging, bildeten sich in Kiel, München, Berlin, Wien, Budapest und Prag spontan Arbeiter- und Soldatenräte, die die Revolution, die Republik oder eine neue Verfassung in Gang brachten. Nach dem Zweiten Weltkrieg, aus dem die Sowjetunion gestärkt als Siegermacht hervorging,*

*entstanden in Osteuropa mehrere sozialistische Republiken nach dem Vorbild Russlands: in der DDR, in Polen, der Tschechoslowakei, Ungarn, Bulgarien und Rumänien. Das wichtigste gemeinsame Ziel war die sozialistische Weltrevolution.*

# Ein ganz normaler **Wahnsinn?**

*Judenverfolgung unter den Nationalsozialisten*

*Am 10. November 1938 in Köln*

„**D**ie Schaufenster der jüdischen Geschäfte im Stadtzentrum und auch in den Außenbezirken waren eingeschlagen, viele Geschäfte im Innern völlig verwüstet. Die Synagoge brannte noch. Die Bevölkerung ist in Massen in die Synagoge eingedrungen. Die Schränke in den Vorzimmern waren aufgebrochen und ausgeplündert, die Bronzeleuchter umgestoßen worden. Bänke, Stühle, Leuchter waren von den Emporen in eine johlende Menge meist jüngerer Leute hineingeworfen worden. Jugendliche zerbrachen mithilfe von Stuhllehnen und -beinen systematisch jede Scheibe der großen, farbigen Glasfenster. ... Es steht fest, dass die Mitglieder der SS und SA den Befehl erhalten hatten, die Geschäfte, Häuser und Privatwohnungen und die verschiedenen Synagogen zu plündern.“

*Bericht des belgischen Gesandten an seinen Außenminister*

In vielen Hundert Städten geschieht Ähnliches. Die Nacht vom 9. auf den 10. November 1938 geht als Novemberpogrom in die Geschichte ein: 7500 jüdische Geschäfte und Wohnhäuser fallen in Trümmer, 191 Synagogen werden in Brand gesteckt, 30.000 Menschen gefangen genommen, 91 Juden ermordet, so die offizielle Statistik. Sieben Jahre später werden es knapp sechs Millionen Tote sein. In jenem November 1938 sind die Nationalsozialisten und ihre Partei NSDAP seit fast sechs Jahren an der Regierung im Deutschen Reich. Seit dem 30. Januar 1933 ist ihr Führer, Adolf Hitler, Reichskanzler. Er hatte wiederholt davon gesprochen und geschrieben, dass er die Juden vernichten will.

Kurz nachdem 1929 die große Weltwirtschaftskrise in New York ausgelöst wurde, ist auch Europa davon betroffen. Deutschland hat damals noch mehr Arbeitslose als heute. Die Nationalsozialisten weisen den Juden die Schuld daran zu: Sie seien diejenigen, die das große Geld verdienten und es den Deutschen wegnähmen. Sie werden zur Ursache für alles Schlechte auf der Welt, und das nur, weil sie **Juden** sind. Auch in Hitlers weitverbreitetem Buch „Mein Kampf" ist davon die Rede.

1924 beschrieb Hitler in diesem Buch genau, was er im Fall einer Machtübernahme vorhatte.

Am 9. November 1938 organisierten die Nazis überall in Deutschland Anschläge auf Synagogen und jüdische Geschäfte.

Adolf Hitler bei einer Parade auf dem Nürnberger Reichsparteitag der NSDAP, 1938

## Die Verfolgungen beginnen

Gleich nach dem **Reichstagsbrand** im Februar 1933 gehen die „Nazis" gegen Juden, Kommunisten und Sozialdemokraten und Andersdenkende vor. Diejenigen von ihnen, die beim Staat beschäftigt sind, egal ob Arbeiter, Angestellte oder Beamte, werden entlassen. Viele Ärzte, Rechtsanwälte und Apotheker verlieren ihre Berufszulassung, viele Professoren ihre Lehrerlaubnis, viele Künstler und Schriftsteller erhalten Berufsverbot. Denn in Zukunft gibt es nur noch eine Meinung, die der Nationalsozialisten. Die demokratische Verfassung von Weimar verliert schlagartig an Bedeutung. Ganz wenige Menschen in Deutschland wagen es, sich offen gegen diese Politik zu äußern oder gar zu protestieren. Die meisten kümmern sich lieber nicht darum und schauen weg. Denn die

### Wissen *spezial*

**Der Reichstagsbrand**

Am 27. Februar 1933 brannte der Reichstag, das Parlamentsgebäude in Berlin. Die Nationalsozialisten behaupteten, die Kommunisten hätten den Brand gelegt. Mit dieser Unterstellung rechtfertigten sie die Festnahme vieler politischer Gegner, die damit bei den nächsten Reichstagswahlen Anfang März 1933 bereits geschwächt waren.

Propagandaplakat für den Reichsparteitag

Naziherrscher verfolgen ihre Gegner grausam und werfen sie ins Gefängnis. Mit Erfolg: Im März 1933 nach den ersten Festnahmen bekommen sie 44 Prozent der Stimmen bei der Reichstagswahl, im November 1932 waren es noch 33 Prozent.

Seit Sommer 1933 schon gibt es keine politischen Parteien mehr außer der NSDAP. So widerspricht niemand, als 1935 die „Nürnberger Gesetze" verabschiedet werden. Damit sind Ehen und sexuelle Beziehungen zwischen Juden und Nichtjuden verboten. Als „Blutschande" stehen sie unter Strafe. Wer sich nicht daran hält, muss ins Konzentrationslager (KZ), ein Gefängnis und Arbeitslager mit unmenschlichen Bedingungen für die Gefangenen, von denen viele umkommen.

Bis etwa 1938 setzen die Nazis noch darauf, dass die meisten Juden einfach auswandern. Die Reichspogromnacht 1938 soll den Druck auf sie noch erhöhen. Viele

Unter „entartet" verstanden die Nazis alles, was nicht in ihre Ideologie passte.

Hitler-Anhänger fuhren durch die Straßen und riefen zum Boykott jüdischer Geschäfte auf.

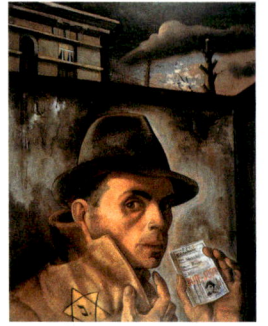

Selbstbildnis des Malers Felix Nussbaum – mit Judenstern

Zehntausend ziehen auch weg, die meisten nach Amerika. Doch das wird immer schwieriger. Im Januar 1939 wandelt sich die allgemeine Hetze gegen Juden in eine konkrete Drohung: Im Kriegsfall wird Hitler für die „Vernichtung der jüdischen Rasse in Europa" sorgen. Schon im September wird dies wahr. Die Deutschen beginnen den Zweiten Weltkrieg in Polen, wo besonders viele Juden leben. Dort müssen zuerst alle Juden gut sichtbar einen gelben Stern auf ihrer Kleidung tragen. Bei Ärzten, in Läden oder Apotheken, in Bussen und Bahnen: Überall werden Juden immer häufiger abgewiesen. Es gehört Mut dazu, sich dem zu widersetzen und weiterhin Kontakte zu Juden zu halten oder sogar Juden zu verstecken, um sie zu retten. Kaum jemand wagt das, denn die Druckmittel der Geheimen Staatspolizei sind gefürchtet. Jetzt werden Juden noch stärker ausgegrenzt, in Schulen, Vereinen, Theatern, Restaurants und anderen Einrichtungen.

## Wissen *spezial*

**Vernichtung der Juden**

90% der polnischen und litauischen Juden, 85 % der tschechoslowakischen, 81% der österreichischen, 78% der 1939 in Deutschland lebenden, 75% der ungarischen und 43% aller russischen Juden wurden unter den Nationalsozialisten ermordet.

Soldaten der Wehrmacht (Filmszene)

## Der organisierte Wahnsinn

Seit Beginn des Krieges gegen die Sowjetunion ändert sich der Plan der Nazis. Anstatt die Juden in die Emigration zu drängen, wollen sie sie nun wirklich töten, vollständig vernichten. Im Januar 1942 findet in einer Villa im Berliner Stadtteil Wannsee eine Konferenz von Vertretern mehrerer Ministerien statt, bei der die organisatorischen Einzelheiten der Judenvernichtung festgelegt werden.

Seit September 1941 mussten die Juden in der Öffentlichkeit den Judenstern gut sichtbar tragen.

Nach den Beschlüssen dieser Wannseekonferenz sollen die Juden mit Güterzügen in Konzentrationslager geschafft werden, die in Polen, in der

---

**Thema**   **Wie erlebten Kinder die Nationalsozialisten?**

*U*nter den Nazis wurden viele Kinderfreundschaften zerstört. Zunächst wunderten sich Kinder, warum Klassenkameraden plötzlich wegzogen. Jüdische Schüler wurden von Jungen der Hitler-Jugend oder Mädchen des Bund Deutscher Mädels, den Jugendorganisationen der Nationalsozialisten, gehänselt und gemobbt. Auch Lehrer stellten sie vor der Klasse bloß: „Die Juden sind unser Unglück". Die Kinder von damals sind heute alt; die Szenen der Demütigung, des Abschieds, der Gewalt werden sie nie vergessen.

Auf solchen Selektions-
rampen wurden die
Menschen in den KZs
„aussortiert", in Kranke
und Arbeitsfähige.

Diese Dosen enthielten
die Giftgaskristalle für
die Gaskammern.

Ukraine und im Baltikum, in den neu eroberten Gebieten, zu errichten sind. Dort sollen sie Zwangsarbeit leisten, unter so unmenschlichen Bedingungen, dass viele von ihnen sterben.

Ein Teil der neuen Konzentrationslager sind regelrechte Vernichtungslager. Berüchtigt sind die Lager Auschwitz und Birkenau bei Krakau in Polen. Die Wachmannschaften bestehen aus Männern der „SS", einer besonders gewaltsam vorgehenden Elitetruppe der NSDAP. Nicht nur aus Deutschland rollen nun die Güterzüge mit Juden in die Lager, auch aus den eroberten Ländern wie Frankreich, den Niederlanden und Südosteuropa. Die Regierungen dort weigern sich nicht, Bestimmungen zu erlassen, nach denen auch aus ihren Gebieten viele Tausend Menschen **deportiert** werden.

### Vernichtung durch Arbeit

Gleich bei der Ankunft trennen die SS-Männer die Lagerhäftlinge. Arbeitsunfähige, Alte und auch Kinder werden schon bald in angebliche „Duschräume" geschickt. Doch durch die Öffnungen in der Decke strömt kein Wasser, sondern das tödliche Giftgas „Zyklon B". Wer arbeiten kann, darf noch weiterleben, bis er an Erschöpfung stirbt oder schließlich auch in die Gaskammer muss. Die Leichen werden in großen Krematorien verbrannt. Bei den meisten Opfern handelt es sich um Juden. Es sind aber auch Slawen, Sinti und Roma sowie Kriegsgefangene und geistig wie körperlich kranke Menschen darunter, die als unheilbar und lebensunwert angesehen wurden.

Die Vernichtungslager bestehen bis kurz vor Kriegsende, als die anrückenden sowjetischen Solda-ten die letzten lebenden Insassen befreien. Bis dahin haben die Nazis die unvorstellbare Zahl von insge-samt fast sechs Millionen Menschen getötet. Zwar fordern auch andere Gewaltregime und Diktaturen auf der Welt viele Millionen Opfer. Aber keiner von ihnen hat eine regelrechte Tötungsindustrie entwi-ckelt. Keiner hat es so perfekt organisiert und aufge-schrieben. Die Pogromnacht am 9. November 1938 war für die Nazis die Probe und der Anfang der organisier-ten Judenverfolgung.

**Wissen** *spezial*

**Deportiert**

Heute ist bekannt, wer damals von wo deportiert, d. h. von der Geheimpolizei abgeholt, in Konzentrations-lager gebracht und später ermordet wurde. In vielen Orten erinnern Stolpersteine im Gehwegpflaster an die letzte Adresse jüdischer Mitmenschen.

Voller Hoffnung schauen KZ-Häftlinge ihren Befreiern entgegen.

# Die Berliner **Mauer**

*Deutsche Teilung im Ost-West-Konflikt*

*13. August 1961 in Deutschland*

„Schwer bewaffnete Einheiten der Volksarmee und der Volkspolizei der Sowjetzone haben in der vergangenen Nacht Westberlin gegen die Zone und den Ostsektor abgeriegelt. **Kein Bürger der Sowjetzone kann mehr unkontrolliert nach Westberlin gelangen. Ostberlin bietet das Bild einer Stadt im Ausnahmezustand.** Volkspolizisten sind dabei, Stacheldraht an der Sektorengrenze zu ziehen, das Pflaster aufzureißen und Straßensperren zu errichten. **Seit Mitternacht trafen in Berlin nur noch vereinzelt Flücht-**linge ein. Den Bürgern der Zone und Ostberlins, die sich am frühen Morgen in die Freiheit retten wollten, gelang es offenbar nicht mehr, die rigorosen Sperren der Volkspolizei zu durchbrechen."

*Nachrichtensendung der ARD*

So fassen die Abendnachrichten des ARD-Hörfunks die Ereignisse der vergangenen 20 Stunden zusammen. Berlin, die größte Stadt Deutschlands, wird in zwei Teile geteilt. Zahllose Familien sind auseinandergerissen, auch Freunde. Der Verkehr von S- und U- und Straßenbahnen zwischen den beiden Teilen der Stadt ist eingestellt. Zigtausend Menschen, die im Osten leben und im Westen arbeiten, verlieren ihren Arbeitsplatz.

Willy Brandt (1913–1992), damals der Regierende Bürgermeister Westberlins, erklärt nach der Krisensitzung der Westberliner Regierung: „Der Senat von Berlin erhebt Anklage vor aller Welt gegen die widerrechtlichen und unmenschlichen Maßnahmen der Bedrücker Ostberlins, der Spalter Deutschlands und der Bedroher Westberlins." Denn die Errichtung dieser Absperrmaßnahmen ist ein brisantes weltpolitisches Thema.

Die Mauer wurde sogar durch Häuser gebaut.

## Wie kommt es zur Teilung Deutschlands?

Der Tag des Mauerbaus ist vorläufiger Höhepunkt einer Entwicklung, die am Ende des Zweiten Weltkriegs ihren Anfang nimmt. Die „Siegermächte", jene Staaten, deren Soldaten das nationalsozialistische Deutschland 1945 endlich bezwungen hatten, teilten Deutschland in vier Zonen und seine Hauptstadt Berlin in vier Sektoren auf; es gibt also jeweils einen britischen, einen US-amerikanischen, einen französischen und einen russischen Teil.

Die USA, Großbritannien und Frankreich unterstützen den freien Warenverkehr in ihren Zonen. Dadurch entsteht in den Westzonen ein Staat mit einer freien Markt-

Extrablatt am 13.6.1961

Im Juni 1963 wurden viele Schaufenster geschmückt: Der amerikanische Präsident John F. Kennedy kam in den Westteil der Stadt.

Der Westen zeigt sich verlockend.

wirtschaft, in der Unternehmer und Banken sowie eigenständige Handwerksbetriebe und selbstständige Bauern, Journalisten, Rechtsanwälte, Ärzte usw. das wirtschaftliche Leben bestimmen und tragen. In der Ostzone hingegen wird nach sowjetrussischem Vorbild eine sozialistische Planwirtschaft aufgebaut, in der der Staat das wirtschaftliche Geschehen bestimmt. Der Sozialismus sieht zunächst gerechter aus, weil alle gleich viel verdienen und alles gleich viel kostet. Bald ist jedoch klar: Die freie Marktwirtschaft funktioniert besser. Die Menschen im Westen kommen zu mehr Wohlstand und können ihre Politiker in geheimen Wahlen bestimmen. Es gibt mehrere politische Parteien, während im Osten eine Partei, die SED (Sozialistische Einheitspartei Deutschlands), die Liberalen und Christdemokraten an den Rand drängt.

Viele Ostdeutsche kaufen gern in Westberlin ein, gehen dort ins Kino. Sie sehen die Unterschiede und ziehen für immer in die Westzone. 1949 bis 1961 verlassen fast drei Millionen Menschen ihre ostdeutsche Heimat. Das sind so viele, dass die Regierung von Ostdeutschland seit 1952 die etwa 1200 Kilometer lange Grenze bewacht und mit einem Stacheldrahtzaun sichert. Nur in Berlin kann man noch vom Sozialismus zum Kapitalismus, vom

Packung Knäckebrot
der VEB Burger-
Knäcke-Werke in
der DDR

Osten in den Westen, auswandern. In
den ersten beiden Augustwochen 1961
ahnen die DDR-Bürger, dass ihre Regierung auch die Grenze in Berlin schließen
wird. Deshalb überschreiten allein in diesen Tagen etwa 25.000 Menschen die „Sektorengrenze".
Dann der Schock: Ab 13. August 1961, null Uhr, ist auch
das Schlupfloch Berlin geschlossen. Zunächst sind es nur
Stacheldrahtrollen, die die Stadt teilen, dann wird es ein
fest installierter Zaun, dann die über 100 Kilometer lange **Mauer** quer durch Berlin und rund um Westberlin
herum. Walter Ulbricht (1893–1973), das Staatsoberhaupt
der Deutschen Demokratischen Republik, sagt nach erfolg-
tem Abschluss der Absperrungsmaßnahmen im Fernsehen:
„Am Brandenburger Tor ist die Freiheit der Arbeiter-und-
Bauern-Macht und der Frieden gesichert worden."

Schaufensterauslage
eines Geschäfts in der
DDR mit dem Porträt des
späteren Staatsratsvorsit-
zenden Erich Honecker.

**HALT
Staatsgrenze!
Passieren verboten!**

Viele DDR-Bürger sehen das allerdings anders. Sie springen über den Stacheldraht, klettern durch Häuser, schwimmen durch die Spree, die hier und da die Grenze bildet. Manche finden sogar einen Weg durch die Kanalisation. Doch nach und nach werden auch die verborgenen Wege versperrt. Die Grenzsoldaten haben Befehl, auf alle „Republikflüchtigen" gezielt zu schießen. Mehrere Hundert Menschen sterben bei dem Versuch, die Mauer zu überwinden. Die Insellage Westberlins mitten in der DDR wird immer bedrohlicher. Man darf nur auf festgelegten Transitstrecken von Westdeutschland aus durch Ostdeutschland von und nach Westberlin reisen. Manche Bürger aus dem Westen versuchen auch Flüchtlinge herauszuschmuggeln. Sie bauen trickreiche Verstecke in ihre Autos oder graben lange Tunnel. Aber die Grenzkontrollen werden schärfer und genauer.

## Der Eiserne Vorhang

Dennoch gewöhnt man sich an die Mauer und an schlimme Nachrichten. 28 Jahre lang trennt sie die Menschen der Stadt, sie gehört zu Berlin wie der Eiffelturm zu Paris.

Noch in den späten 80er-Jahren des 20. Jahrhunderts glaubt kaum jemand daran, dass die Mauer eines Tages verschwinden wird. Denn die innerdeutsche Grenze teilt nicht nur Deutschland, sie teilt die Welt in einen Ost- und einen Westblock, hinter denen die beiden verfeindeten Supermächte Sowjetunion und US-Amerika stehen. Nur wenige Menschen können unter ganz besonderen Bedingungen und mit einem komplizierten Genehmigungsverfahren von einem östlichen in ein westliches Land und umgekehrt reisen. Auf diese Art entsteht durch Briefe und Erzählungen, am meisten durch das Fernsehen, ein sehr unterschiedliches Bild von den Menschen und ihrer Welt auf der anderen Seite des **Eisernen Vorhangs**. Dass die verfeindeten Staaten schwer bewaffnet sind, stellt eine große Gefahr dar. Würden sie Krieg führen, wäre Deutschland sofort in einen dritten Weltkrieg verwickelt und ein weiteres Mal zerstört.

Demonstration zum
1. Mai in der DDR

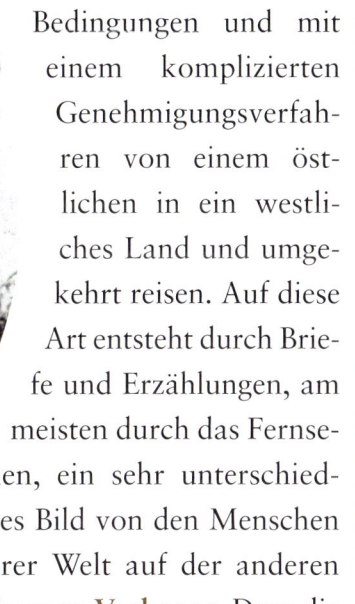

## Wissen *spezial*

**Was ist der
Eiserne Vorhang?**
Der Begriff kommt aus dem Theater, wo es einen eisernen Vorhang als unüberwindbaren Feuerschutz zwischen Zuschauerraum und Bühnenbereich gibt. In der Zeit des Kalten Kriegs war damit die Grenze zwischen der BRD und der DDR gemeint. Aber auch andere Grenzen zwischen Ost- und Westblock wurden als Eiserner Vorhang bezeichnet, weil es fast unmöglich war, die streng kontrollierten Grenzen zu überwinden.

Die Amerikaner ließen 1961 in Berlin Panzer auffahren.

Die Montagsdemonstrationen entwickelten sich zu machtvollen Kundgebungen.

## „Frieden schaffen ohne Waffen"

Unter diesem Motto bilden sich in beiden Teilen Deutschlands in den 1970er und 80er-Jahren Friedensbewegungen heraus, die sich zunächst gegen die Aufrüstungspolitik der jeweiligen Militärbündnisse richten. Die Menschen in der DDR wollen außerdem aus ihrem eingemauerten und ein-

**Thema** Der kalte Krieg – Angst vor einem neuen Krieg

*Der Kalte Krieg war kein richtiger Krieg. Aber wenn im Ostblock Demonstrationen und Aufstände mit Panzern niedergeschlagen wurden oder im Westblock große Militärübungen stattfanden, hörten alle Deutschen mindestens einmal am Tag Nachrichten. Denn niemand war sich sicher, ob daraus nicht doch ein Krieg entstehen könnte. Da Westdeutschland mit Westeuropa und den USA im westlichen Verteidigungsbündnis NATO, die DDR aber mit der Sowjet-*

*union und Osteuropa im östlichen Warschauer Pakt war, hätten im Ernstfall Deutsche auf Deutsche geschossen.*

Am 9. November kletterten Menschenmassen auf die Mauer am Brandenburger Tor.

gezäunten Käfig heraus. Sie wollen vor allem Reisefreiheit, Meinungsfreiheit und politische Mitbestimmung. Im Sommer 1989 wird die Unzufriedenheit zum öffentlichen Protest. Nach einigen Wochen gehen jeden Montag viele Zehntausende auf die Straßen und verkünden: „Wir sind das Volk!" Schließlich gibt auch die Regierung der DDR diesem Druck nach. Am 18. Oktober tritt der Staatsrats- und Parteivorsitzende Erich Honecker (1912–1994) zurück. Die Soldaten sind zwar noch in höchster Alarmbereitschaft, erhalten

aber keinen Einsatz- und Schießbefehl mehr. Am 9. November 1989 wird die Mauer geöffnet. Die Deutschen jubeln und feiern tagelang. Wieder blickt die Welt auf Deutschland und Berlin. In den Verhandlungen der Siegermächte zur Vereinigung Deutschlands spielt der Ost-West-Gegensatz keine Rolle mehr. Der Kalte Krieg ist vorbei. Ost- und Westeuropa gehen aufeinander zu.

Protestaktion gegen alte Straßennamen

# Nine **Eleven**

*Terroranschläge erschüttern die Welt*

### 11. September 2001 in New York

„Am Morgen stieg ich in meine U-Bahn. Alles war normal. Erst als ich im Hochhaus des Rockefeller Center ankam, bemerkte ich, dass etwas nicht stimmte. Hunderte von Menschen kamen mit den 20 Fahrstühlen herunter und strömten in die Halle. Ein Wachmann sagte etwas von einem Flugzeugabsturz. Dann sah ich Horst. Er war blass und erzählte, wie gerade ein Flugzeug dicht über seinem Fenster im 25. Stock vorbeigeflogen und kurz darauf in einen Turm des World Trade Center gerast war.

Im ersten Schock dachte ich an ein Sportflugzeug und an einen Unfall. Als ich aber von der zweiten Maschine hörte, die den anderen Turm getroffen hatte, war es klar: ein Attentat. Ich ging hinaus. Da sah ich die brennenden Zwillingstürme. Ich rief zu Hause in Deutschland an, um zu sagen, dass es mir gut ging."

*Ein Augenzeuge erzählt.*

 Etwas Furchtbares passiert an diesem Morgen. Etwas, das erst einmal keiner glauben kann. Was aber kurz darauf schon in allen Nachrichtensendungen der Welt zu hören und zu sehen ist. Innerhalb von 17 Minuten sind zwei große Passagierflugzeuge in die höchsten Wolkenkratzer in New York City gerast und explodiert. Auf halber Höhe schlagen sie frontal in beide Türme des „World Trade Center" ein und explodieren, kurz vor und kurz nach neun Uhr morgens am 11. September.

Dramatische Szenen spielen sich ab in den Minuten und Stunden danach. Die Menschen, die in den oberen Büros arbeiten, kommen durch die zerstörten Etagen nicht mehr hinunter. Manche von ihnen springen in ihrer Verzweiflung aus 300 Metern Höhe in den Tod. Viele Hundert Feuerwehrleute stürmen ins Haus und versuchen, wenigstens in den unteren Stockwerken zu helfen. Doch etwa eine Stunde später brechen die beiden Hochhäuser, gut 100 Stockwerke hoch, in sich zusammen. Die beiden Flugzeuge haben Tausende von Menschen in den Tod gerissen – auch viele sich selbstlos aufopfernde Retter. Nur noch ein gigantischer Schutt- und Materialberg bleibt übrig.

Verzweifelte Angehörige der Vermissten stehen bald darauf hilflos vor den Absperrungen zu den Trümmern, die ihre toten Freunde und Verwandten bedecken. Manche halten Fotos in der Hand oder pinnen sie mit einer Vermisstenanzeige an eines der großen Schwarzen Bretter.

Ein erschöpfter Feuerwehrmann

Voller Panik flüchten die Passanten.

Das World Trade Center stürzte in sich zusammen und begrub Tausende von Menschen unter sich.

Am selben Vormittag erschüttern zwei weitere Anschläge das Land: Ein dritter Passagier-Jet jagt in das **Pentagon** in der 300 Kilometer entfernten Hauptstadt Washington. Und im US-Bundesstaat Pennsylvania stürzt ein weiteres Flugzeug auf einen Acker. Man vermutet, dass diese Maschine das „Weiße Haus", den Sitz des Präsidenten, oder das Kapitol treffen sollte, in dem das Parlament der USA tagt. Doch dazu kommt es nicht.

## Wissen spezial

**Was ist das Pentagon?**
Das ist der Hauptsitz des Verteidigungsministeriums der USA, ein großes Gebäude aus Beton, das in der Form eines Fünfecks gebaut ist. Deshalb heißt es auch Pentagon, nach dem griechischen Wort für Fünfeck.

## Was ist genau passiert?

Am nächsten Tag gibt das FBI, die Bundespolizei der USA, die ersten Ergebnisse seiner Nachforschungen bekannt: Insgesamt 19 Terroristen aus arabischen Ländern haben die vier Flugzeuge kurz nach ihrem Start entführt, die Piloten getötet und selbst das

Steuer übernommen. Anschließend lenkten sie die Jets in die Türme des **World Trade Center**. Wohl wissend, dass die Passagiere wie auch die Leute in den Gebäuden sterben würden – und sie selbst auch: ein Selbstmordattentat. Insgesamt fordern die Anschläge mindestens 2973 Todesopfer. Nie hat ein einziger Terroranschlag mehr Opfer gefordert. Nie zuvor sind die USA Ziel von Bomben- oder Raketenangriffen gewesen. Nie zuvor ist die Nation, die Regierung, sind die US-Amerikaner derartig verletzt und getroffen worden.

### Wer steht hinter den Anschlägen?

Die amerikanische Regierung unter Präsident George W. Bush (geb. 1946) versteht diesen Angriff als eine Art Kriegserklärung gegen die USA. Die NATO, das militäri-

### Wissen *spezial*

**World Trade Center**
Das World Trade Center bestand aus sieben Gebäuden. Nicht nur die beiden Hochhaustürme, auch die anderen Häuser um die World Trade Center Plaza wurden zerstört. Mittlerweile haben die Arbeiten für den Neubau, den „Freedom Tower" des Architekten Daniel Libeskind begonnen. Er soll 1776 Fuß hoch werden.

### Thema   Die Helden der New Yorker Feuerwehr

*Die Feuerwehrmänner von New York haben ungeheuer schwierige, anstrengende Arbeit geleistet und viel Leid gesehen.*
*Beim Zusammenbruch der beiden Hochhaustürme waren etwa 400 Feuerwehrleute auf dem Gelände. Denn die Funkverbindungen zur Kommandozentrale, die längst einen Räumungsbefehl durchgegeben*

*hatte, waren unterbrochen, sodass die Feuerwehrmänner die Warnungen und den Räumungsbefehl der Kommandozentrale nicht hören konnten. 343 New Yorker Feuerwehrleute und Helfer verloren in den Trümmern ihr Leben.*

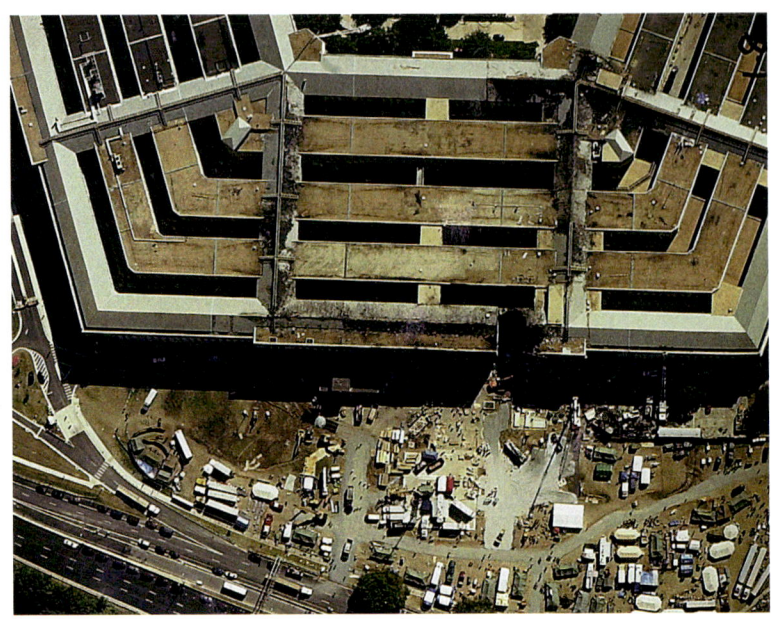

Ein Passagierflugzeug wurde am 11.9. 2001 gezielt in das Pentagon gelenkt: hier der beschädigte Westflügel.

sche Bündnis, dem die USA angehören, ruft zum ersten Mal in ihrer 52-jährigen Geschichte den Verteidigungsfall aus. Das heißt, dass alle Mitgliedsländer, unter ihnen auch Deutschland und ganz Europa, ab sofort den USA beistehen müssen, ihre Feinde zu bekämpfen.

Die Ermittlungen ergeben bald: Das Attentat ist wahrscheinlich von der islamistischen Terrororganisation „El Kaida" verübt worden. Die Regierung der USA hat längst den Verdacht, dass „El Kaida" auch in der Vergangenheit hinter Attentaten gegen ihr Land stand. Gegen US-Botschaften in afrikanischen Ländern, gegen ein Kriegsschiff im Persischen Golf. Auch ein früherer Anschlag in der Tiefgarage des World Trade Center im Jahr 1993 geht auf El Kaida zurück. Schon bald nach dem Attentat vom 9. September 2001 gibt es Hinweise, dass sich der Kopf der Bande, Osama bin Laden (geb. 1957), mit vielen Getreuen in den Bergen Afghanistans versteckt hält – eines Landes, das zu der Zeit von sehr strengen Isla-

US-Soldaten im Einsatz in Afghanistan

misten, den Taliban, regiert wird und in dem zum
Beispiel Fernsehen verboten ist, Mädchen nicht zur
Schule und Frauen nicht allein aus dem Haus gehen
dürfen. Noch im Jahr 2001 erklären die USA Afghanistan den Krieg in der Hoffnung, bin Laden zu treffen oder zu finden. Die islamistische Regierung wird
gestürzt, die Bevölkerung atmet auf. Aber Osama
bin Laden hält sich versteckt und ist bis heute nicht
gefunden worden.

Feindbild Amerika:
Demonstranten verbren-
nen die amerikanische
Flagge.

### Terroristen sind andere Feinde

Als die NATO, das Verteidigungsbündnis der westlichen
Welt, 1949 gegründet wurde, ging man davon aus, dass ein
Land sich dann verteidigen muss, wenn es von einem anderen Land angegriffen wird. Die neuen Feinde der USA aber
sind keine Länder oder Regierungen, sondern kleinere
Gruppen aus anderen Kulturen wie eben die radikal-isla-
mischen El Kaida. Sie hassen Amerika nicht nur wegen seiner militärischen Übermacht und Stärke, sondern auch
wegen des wirtschaftlichen Einflusses auf die Welt; aber

Osama bin Laden

Tief verschleierte Frauen
mit der traditionellen
Burqa in Kabul, Afghani-
stan

Am 19.3.2003 kündigte George W. Bush in einer Rede an die Nation einen umfassenden Krieg gegen den Irak an.

auch amerikanische Filme, Musik und Popkultur, die teilweise hautenge Kleidung unterwandern ihre eigenen Kulturen und Traditionen. Andere halten die neue Bedrohung der westlichen Welt für einen Kampf zwischen den christlichen und den islamischen Kulturen. Sie behaupten, die Christen würden nicht mehr an Gott glauben und nur noch dem Geld huldigen.

## Der Irak-Krieg bricht aus

US-Präsident Bush teilt die Welt in Gut und Böse ein, wenn er von der „Achse des Bösen" spricht und den „bösen" Ländern den Kampf ansagt. Und für den Kampf gegen die Terroristen findet er weltweit Unterstützung. Danach versucht er etwa ein Jahr lang die „Allianz gegen den Terror" auch für einen Krieg gegen den Irak zu gewinnen. Bush sagt dem Irak die Zusammenarbeit mit Terroristen und die Herstellung von Massenvernichtungswaffen wie Giftgas nach. Aber viele halten das für eine unbewiesene Behauptung.

Der deutsche Außen-
minister Joschka Fischer
setzte sich 2003 bei
einer Sitzung des Welt-
sicherheitsrates in New
York für eine friedliche
Lösung im Irak-Krieg ein.

Weltweit kommt es zu Massen-
demonstrationen gegen den
Irak-Krieg. Und auch die Regierungen der verbündeten Länder sind geteilter Meinung.
Großbritannien, Italien, Spanien
und Polen entscheiden sich zum
Beispiel dafür, Amerika im Irak-
Krieg zu unterstützen, Deutschland und Frankreich dagegen. Aber im März 2003 starten die ersten Bombenflug-
zeuge in Richtung Irak. Der grausame Diktator des
Irak, Saddam Hussein (1937–2006), wird zwar
gestürzt, eine neue Regierung gebildet, aber das
Land ist von Bürgerkriegen geschüttelt. Fast täglich wird von Selbstmordanschlägen berichtet. Der
Alltag in den zerschossenen Städten und in zerstörten Häusern ist äußerst schwierig und hart.
Die Vorwürfe der US-Regierung stellen sich jedoch
als falsch heraus; denn es konnten keine Giftgasfa-
briken gefunden werden. Aus den irakischen
Kriegsgefangenen, die die Amerikaner in ein Lager
nach **Guantánamo** auf Kuba gebracht haben,
können keine Hinweise
auf den Aufenthaltsort
Osama bin Ladens oder
der El-Kaida-Führung
herausgepresst werden.
Der Bombenkrieg hat
den Terroristen nicht
das Handwerk gelegt. Im Ge-
genteil: Es gibt weitere **Terroranschläge** in Europa.

## Wissen *spezial*

### Was ist Guantánamo?

Guantánamo ist ein amerika-
nischer Militärstützpunkt auf
Kuba, auf dem die interna-
tionalen Vereinbarungen zur
Behandlung von Kriegsgefangenen nicht gelten. Die ca.
600 Gefangenen aus dem
Irak-Krieg leben hier unter
völlig unzumutbaren Bedingungen und werden teil-
weise misshandelt und gefol-
tert, wie das Rote Kreuz
berichtet.

Amerikaner protestieren
gegen ihren Präsidenten.

# Weltgeschichte auf einen Blick

Die Weltgeschichte ist voller entscheidender Ereignisse, von der Steinzeit bis heute. Die Zeitleiste bildet zwanzig dieser Ereignisse ab, die zu großen Veränderungen für das Leben der Menschen und in der Geschichte geführt haben.

Der heutige Mensch betritt die Bühne.

Die Ägypter beginnen mit dem Bau der großen Pyramiden.

| 100.000 v. Chr. | 4500 v. Chr. |

Die Boston Tea Party ist der erste Schritt zur Unabhängigkeit Amerikas.

Ludwig XIV. begründet den Absolutismus: „Der Staat bin ich."

Der Reformator Martin Luther weigert sich, seine Thesen zu widerrufen.

Kolumbus entdeckt auf der westlichen Seite des Atlantiks Land.

| 1773 | 1661 | 1521 | 1492 |

Der Sturm auf die Bastille ist der erste Höhepunkt der Französischen Revolution.

Die Industrielle Revolution: Maschinen verändern das Leben der Menschen.

Das Attentat auf Erzherzog Franz Ferdinand löst den Ersten Weltkrieg aus.

| 1789 | 18. Jahrhundert | 1914 |

Gott erscheint Moses
und übergibt ihm die
Zehn Gebote.

In Griechenland
entsteht die erste
Demokratie.

Die Verschwörung
gegen Caesar verän-
dert die Republik.

Die Araber erobern
im Namen Allahs das
Oströmische Reich.

**1200 v. Chr.**     **450 v. Chr.**     **44 v. Chr.**     **636**

Marco Polo berichtet
von seiner Reise in ein
unbekanntes Reich:
China.

Papst Urban II. ruft
zum Kreuzzug nach
Jerusalem auf.

Der Frankenkönig Karl
der Große wird zum
Kaiser gekrönt.

**1295**     **1095**     **800**

In Russland bricht
die Oktoberrevolution
aus.

Die Progromnacht
ist der Anfang der
organisierten Juden-
verfolgung.

Der Bau der Berliner
Mauer führt zur Teilung
Deutschlands.

Nine Eleven: Zwei
Passagierflugzeuge
rasen in das World
Trade Center.

**1917**     **1938**     **1961**     **2001**

# Register

Im Register sind Personennamen und Sachbegriffe verzeichnet. Fett gedruckte Seitenzahlen bedeuten: Zu diesen Einträgen gibt es Lexikonboxen (Wissen spezial oder Thema).

# Bildquellennachweis

aisa, Archivo iconográfico, Barcelona 13, 14, 17, 20, 21, 22, 27, 31, 38, 48, 49, 50, 69, 70, 86, 94, 97, 98, 106, 113, 113, 115, 117, 127, 134, 147, 169
akg-images, Berlin 7, 18, 45, 45, 46, 70, 103, 104, 105, 116, 124, 126, 132, 138, 142, 147, 168
A. Bednorz, Köln 54
Bibliographisches Institut & F. A. Brockhaus, Mannheim 10, 11, 31, 50, 58, 74, 90, 92, 111, 138
Bibliothèque Nationale de France, Paris 63
Farb- und Schwarzweiß-Fotografie E. Böhm, Mainz 23
Burgerbibliothek, Bern 91
A. Burkatovski, Rheinböllen 139, 140
© CORBIS/Royalty-Free 4, 12, 19, 44, 82
© DeA Picture Library 59, 63
C. Elsler, Historisches Farbarchiv, Norderney 114
© AdsD der Friedrich-Ebert-Stiftung 126
Dr. V. Janicke, München 109
H. Kahnt, Naunhof 47, 47
Lotos-Film, Kaufbeuren 34, 42
Musée Antoine Vivenel, Compiègne 33, 35
Photographies M. et G. Dagli Orti, Paris 82
L. Pedicini, Archivio dell'arte, Neapel 36
Photo Digital, München 89, 93
picture-alliance/akg-images, Frankfurt am Main 4, 4, 5, 5, 6, 6, 8, 10, 12, 12, 13, 15, 15, 16, 17, 18, 19, 20, 24, 26, 26, 27, 28, 29, 32, 33, 33, 34, 35, 36, 37, 38, 41, 41, 43, 46, 49, 55, 56, 57, 58, 58, 59, 60, 60, 61, 65, 65, 71, 71, 74, 75, 77, 77, 79, 81, 81, 81, 84, 84, 85, 85, 86, 86, 88, 89, 90, 91, 93, 95, 95, 97, 98, 99, 101, 102, 105, 107, 109, 110, 110, 110, 112, 114, 116, 116, 118, 118, 119, 120, 122, 122, 123, 126, 128, 129, 132, 134, 135, 135, 136, 141, 142, 143, 145, 146, 148, 148, 149, 150, 151, 152, 153, 153, 154, 155, 156, 157, 158, 158, 168, 168, 168, 168, 168, 168, 168, 169, 169, 169, 169, 169
picture-alliance/Bildagentur Huber, Frankfurt am Main 42, 114

picture-alliance/Burkhard Juettner/vintage.de, Frankfurt am Main 101, 129, 132
picture-alliance/dpa, Frankfurt am Main 3, 4, 5, 6, 6, 6, 7, 9, 9, 17, 20, 30, 30, 40, 41, 42, 43, 44, 49, 51, 52, 53, 62, 62, 65, 66, 67, 69, 73, 73, 76, 76, 78, 83, 87, 89, 90, 92, 94, 98, 103, 107, 108, 111, 119, 121, 124, 131, 132, 133, 133, 137, 137, 140, 143, 144, 145, 145, 146, 148, 150, 151, 153, 153, 154, 155, 156, 159, 159, 160, 161, 161, 161, 162, 163, 164, 164, 165, 165, 165, 166, 167, 167, 167, 168, 169, 169, 169
picture-alliance/epd, Frankfurt am Main 89, 149
picture-alliance/Godong, Frankfurt am Main 25, 28, 55
picture-alliance/IMAGNO/Austrian Archives, Frankfurt am Main 124, 130
picture-alliance/KNA, Frankfurt am Main 57, 62, 63
picture-alliance/kpa photo archive, Frankfurt am Main 5, 21, 22, 23, 25, 39, 47, 52, 54, 54, 64, 67, 68, 72, 73, 74, 97, 99, 100, 102, 105, 106, 113, 117, 123, 125, 130, 133, 139, 141, 169, 169
picture-alliance/Picture Press/Camera Press, Frankfurt am Main 156
Sigloch Edition, Sirius Bildarchiv, Blaufelden/ E. Hehl 121
ullstein bild, Berlin 157
K. Wothe, Naturfotos und -filme, München 11

© VG Bild-Kunst, Bonn 2007 140, 148

**Umschlagabbildungen** aisa, Archivo iconográfico, Barcelona: vorne Mitte rechts – picture-alliance/ akg-images, Frankfurt am Main: hinten links, hinten Mitte rechts, vorne links, Rücken, hinten Mitte links – picture-alliance/dpa, Frankfurt am Main: vorne rechts, vorne Mitte, vorne Mitte links, hinten rechts

# LIVE DABEI

## Geniale Denker und clevere Tüftler
### 20 bahnbrechende Erfindungen der Menschheit

Text von Bernd Flessner
Mit mehr als 300 Fotos
Gebunden, 176 Seiten

*Ab 11 Jahren*
ISBN 978-3-407-75329-8

*Schottland, im Jahr 1768: Endlich hat James Watt
einen Geldgeber von seiner Idee überzeugt und kann
seine Dampfmaschine bauen – diese Erfindung wird
die Welt verändern. Sie ist nicht die Einzige …*

Dieser Band stellt die genialsten Erfindungen
der Menschheit vor:
vom Feuer bis zur Raumfahrt.

Spannende Szenen eröffnen die Kapitel. Sie lassen den Leser
Worte und Taten berühmter Erfinder hautnah miterleben.
Über 300 Fotos illustrieren das Geschehen.
Begleitende Lexikonboxen halten Grundwissen griffbereit.

Beltz & Gelberg und Der Jugend Brockhaus

# Wissen, wo man nachschlägt!

**Der Jugend Brockhaus
in drei Bänden**

*Ab 10 Jahren*
ISBN 978-3-7653-2306-5

Über 10.000 Stichwörter liefern umfassende,
verlässliche und aktuelle Informationen zu allen
Wissensgebieten. 2000 Fotos, Grafiken, Zeichnungen
und Karten stellen die Inhalte anschaulich dar.
Linktipps erleichtern die Recherche im Internet.
24 Sonderartikel zu aktuellen Themen regen die
Jugendlichen zum Weiterdenken an und helfen
bei der Vorbereitung von Schulreferaten.

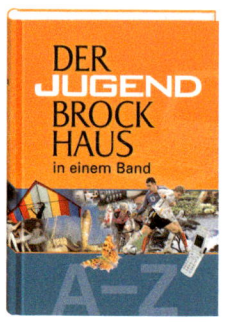

**Der Jugend Brockhaus
in einem Band**

*Ab 10 Jahren*
ISBN 978-3-7653-3151-0

Dieses kompakte Nachschlagewerk sollte auf keinem
Schülerschreibtisch fehlen. Mehr als 7.000 Stich-
wörter bieten zuverlässige Informationen zu allen
Themenbereichen. 1300 Fotos, Grafiken und
Zeichnungen veranschaulichen die Texte. Linktipps
zu Jugendthemen unterstützen die zeitgemäße
Recherche im Internet. Übersichtstafeln präsentieren
die wichtigsten Themen zur Allgemeinbildung.

**Der Jugend Brockhaus
Geschichte**

*Ab 12 Jahren*
ISBN 978-3-7653-3221-0

Mehr als 250 Stichwörter halten das Grundwissen
zur Weltgeschichte bereit. Anhand von Quellentexten
und Originalzitaten von Zeitzeugen können Jugendliche Geschichte hautnah miterleben. Wissensboxen
zum „Leben damals" geben Einblicke in den Alltag
der Menschen durch die Jahrhunderte. Mit über
500 Fotos und Zeichnungen.

**Der Jugend Brockhaus
Weltall und Raumfahrt**

*Ab 12 Jahren*
ISBN 978-3-7653-3161-9

Das ganze Universum in einem Band! Mehr als
300 Stichwörter liefern spannendes Wissen für
Weltraumforscher ab 12 Jahren: Von der Reise
durch unsere Galaxis bis zum Abenteuer Raumfahrt.
Forscherboxen mit verblüffenden Experimenten und
Tipps zur Himmelsbeobachtung runden den Band
ab. Mit über 450 Fotos und Zeichnungen.

# Geschichte kompakt

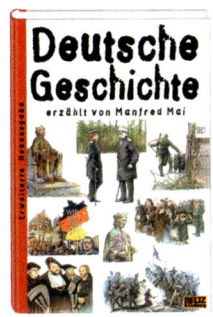

**Deutsche Geschichte**
**erzählt von Manfred Mai**

*Ab 12 Jahren*
ISBN 978-3-407-75322-9

Die deutsche Geschichte von den Germanen bis
zum wiedervereinten Deutschland am Beginn des
dritten Jahrtausends - Manfred Mai zeichnet
die Hauptlinien der deutschen Vergangenheit nach
und erzählt anschaulich und lebendig von ihren
wichtigsten Ereignissen und Personen. Ein Buch,
das zeigt, wie spannend Geschichte sein kann.
Mit Bildern von Julian Jusim.

**Geschichte der deutschen Literatur**
**erzählt von Manfred Mai**

*Ab 12 Jahren*
ISBN 978-3-407-75323-6

Von den Merseburger Zaubersprüchen bis zur
Gegenwartsliteratur – Manfred Mai erzählt von über
tausend Jahren deutscher Dichtung, ihren wichtigen
Epochen, Autoren und Werken, aber auch von ihrer
Einbettung in die politische und soziale Entwicklung,
ohne die sie nicht zu verstehen ist. Ein Nachschlagewerk, das Lust auf Lesen macht. Mit Bildern
von Rotraut Susanne Berner.

**Geschichte der deutschen Wirtschaft**
**erzählt von Nikolaus Piper**

*Ab 12 Jahren*
ISBN 978-3-407-75324-3

Vom ersten Tauschhandel bis zur umstrittenen
Globalisierung: Nikolaus Piper erzählt die Geschichte
der Wirtschaft, bietet Fakten und Zahlen, stellt
Wirtschaftslenker und -denker vor – und beweist,
wie fesselnd Wirtschaft sein kann. Mit Bildern von
Aljoscha Blau, Sach- und Namenregister. Ausgezeich-
net mit dem Deutschen Jugendliteraturpreis.

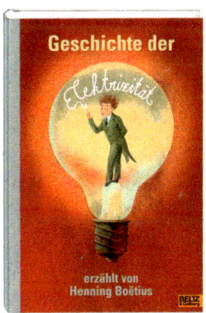

**Geschichte der Elektrizität**
**erzählt von Henning Boëtius**

*Ab 12 Jahren*
ISBN 978-3-407-75326-7

Henning Boëtius erzählt von Experimenten und
Erfindungen, von Forschern und Laien, ihren Erfolgen
und Fehlschlägen. Er erklärt komplexe Zusammen-
hänge und grundlegende Begriffe – stets mit Blick auf
die Bedeutung der Elektrizität für die Menschheit. Mit
Abbildungen, Sach- und Namenregister. Nominiert für
den Deutschen Jugendliteraturpreis 2007.

Bibliografische Information der Deutschen Nationalbibliothek.
Die Deutsche Nationalbibliothek verzeichnet diese Publikation in der
Deutschen Nationalbibliografie; detaillierte bibliografische Daten
sind im Internet über http://dnb.ddb.de abrufbar.

Das Wort BROCKHAUS ist für den Verlag
Bibliographisches Institut & F.A. Brockhaus AG
als Marke geschützt.

Lektorat: Sabine vom Bruch
Fachberatung: Gottfried Brezger, Hildegard Canzig, Dr. Uwe Puschner
Bildredaktion: Angelika Sust
Text: Ulli Kulke
Herstellerische Leitung: Myriam Frericks, Annette Aatz
Layout und Satz: Petra Bachmann, Weinheim
Gesamtherstellung: Firmengruppe APPL, aprinta druck, Wemding
Printed in Germany
ISBN 978-3-407-75328-1